TRAVESSIA

A Video-based Portuguese Textbook

Preliminary Edition
Units 7-12

Jon M. Tolman
University of New Mexico

Ricardo M. Paiva
Georgetown University

Nívea P. Parsons
University of Arizona

John B. Jensen
Florida International University

UNIDADE 7

O NORTE -- A REGIÃO AMAZÔNICA

I. APRESENTAÇÃO. Complete com palavras do texto.

A _____ Norte não é muito populada. Com uma _____ de

mais de _____ quilômetros quadrados, ela representa

_____ de todo o _____ nacional. Parte da população

amazônica é composta de várias _____ indígenas. A imensa _____

amazônica é uma preciosa reserva de vida animal e natural. Os grandes rios da Amazônia,

como o _____, o Negro, _____, o Xingu e muitos outros,

oferecem enorme variedade de _____ e funcionam como o principal meio de

_____ e de comunicação. A influência indígena na Amazônia está presente

nos seus _____, costumes e _____.

II. ESTAÇÕES E CLIMA

A. **Palavras chaves**. Escreva uma lista das palavras e expressões que você precisa para descrever
   o clima da sua cidade. Inclua as estações e o meio físico.

1. *rios*

2 *chuva*

3. _____

4. _____

5. _____

6. _____

7. _____

8. _____

9. _____

10. _____

11. _____

12. _____

B. **O clima da minha cidade.** Escreva um parágrafo sobre o clima da sua cidade.

_____

_____

_____

_____

_____

_____

_____

_____

_____

_____

C. **Eu gostaria de visitar...** Descreva o clima e a geografia de um país ou uma cidade que você conhece ou que gostaria de conhecer. Se necessário, faça uma pesquisa sobre o assunto.

_____

_____

_____

_____

_____

_____

_____

_____

_____

_____

_____

_____

D. **O tempo no mundo**. Observe o quadro e descreva o tempo e a temperatura de oito cidades.

No Mundo	Mín.	Máx.
Amsterdã, claro	12	20
Atenas, claro	21	35
Berlim, nublado	9	23
Buenos Aires, nublado	12	18
Cairo, claro	20	30
Cidade do México, nublado	13	21
Frankfurt, claro	11	23
Genebra, claro	17	30
Lima, nublado	15	21
Lisboa, claro	17	28
Londres, nublado	17	25
Los Angeles, claro	16	28
Madri, nublado	19	29
Miami, nublado	28	32
Montevidéu, nublado	10	13
Montreal, claro	22	34
Moscou, nublado	14	18
Nova Déli, claro	29	39
Nova York, nublado	23	32
Paris, nublado	17	23
Pequim, claro	21	33
Roma, claro	18	33
Santiago, chuva	9	13
Telaviv, claro	21	28
Tóquio, claro	20	32

Informações AP

1. *Amsterdã: Claro. Temperatura oscilando entre 12 e 20 graus.*

2. _____

_____

3. _____

_____

4. _____

_____

5. _____

_____

6. _____

_____

7. _____

_____

8. _____

_____

E. **"Duas estações num só dia"**. Leia o texto abaixo e responda:

Duas estações num só dia

Se *está calor*, encha a sacola com roupas de lã. Se faz frio, *agasalhe-se* bem, mas não se esqueça de levar *maiô* e toalha para o banho de piscina. Parece brincadeira, mas esta foi a única forma encontrada pelos 60 mil moradores de Campo Bom para enfrentar as mais bruscas mudanças de temperatura registradas no Brasil e que já fazem parte do cotidiano desse pequeno município gaúcho, a 50 quilômetros de Porto Alegre. Domingo, 26, por exemplo, os termômetros saltaram de 18,3 para 29,5 graus, uma variação respeitável, embora ainda distante do recorde da própria cidade - de 7,4 para 32,5 graus no dia 28 de agosto de 1985. "Aqui a meterologia é uma *caixinha de surpresas*", sugere Wilson Pedro Wolf, 33 anos, contador da prefeitura que, desde 1969, por *hobby* registra diariamente as temperaturas máxima e mínima do município.

Wolf garante que não faz *previsões*, apenas coleta dados, mas é sempre procurado pelos *lojistas*, que pedem orientação sobre que tipo de roupa expor em suas *vitrines*. A maioria dos moradores, porém, não confia em nenhuma ciência ou *adivinhação*. Diva Soares Couto, há seis anos em Campo Bom, *cuida* das duas filhas pequenas com atenção especial ao clima. "Elas nasceram aqui e já se acostumaram, mas dou sempre muita laranja para evitar gripes", conta Diva. Outra providência é carregar uma sacola com todo tipo de roupas para emergências. Nilze Hickman também já se acostumou a carregar *pilhas* de casacos quando leva as crianças para brincar na praça e a temperatura, de menos de 10 graus pela manhã, salta para 30 durante a tarde. "Nós já sabemos que tudo pode mudar subitamente", explica, resignada.

O fenômeno ainda não tem explicação científica. Wolf lança mão da geografia: "A cidade está em meio a montanhas, que impedem a dissipação do calor e do frio". Enílson França de Queiroz, diretor do Distrito de Metereologia de Porto Alegre, porém, não se *arrisca*: "A coleta oficial de *dados* é recente, data de 1984, portanto ainda é cedo para qualquer decisão".

ISTOÉ, 5-8-1987

adivinhação guessing
agasalhar-se cover up
arriscar take a risk
caixinha de surpresas box of surprises
cuida takes care of
dados data

estar calor to be hot
lojista shopkeeper
maiô swimming suit
pilhas large amounts
previsões forecasts
vitrine display windows

1. Este artigo é sobre a pequena cidade de Campo Bom. Onde fica esta cidade? _____

_____

2. Qual é a população de Campo Bom? _____

3. Descreva o clima dessa cidade de duas estações num só dia.

_____

4. Que tipo de roupa você põe na sacola se faz frio?

_____

5. E se faz calor? _____

6. A palavra "cotidiano" significa: _____

_____

7. Qual é o *hobby* de Wilson Pedro Wolf? _____

_____

8. Que providências alguns moradores tomam para enfrentar as duas estações ao mesmo

tempo? _____

_____

_____

9. De acordo com Wolf, como a geografia pode explicar o fenômeno de Campo Bom? _____

10. O que diz Enílson F. de Queiroz, diretor do Distrito de Metereologia de Porto Alegre?

III. CONSTRUÇÃO

A. **Tijolos mágicos**. Ponha o acento nas palavras abaixo. Todas elas são proparoxítonas.

1. único
2. último
3. otimo
4. flacido
5. trafego

6. principe
7. naufrago
8. bebado
9. lampada
10. camera

11. desanimo
12. patriotico
13. exito
14. onibus
15. passaro

B. **Página de diário**. Conceição, a mulher do operário de ''Construção'', descreveu no seu diário a morte do marido:

Data: _____

Diário: Hoje estou muito triste. O meu marido... (continue) _____

_____

_____

_____

_____

_____

_____

_____

_____

_____

_____

IV. FUTURO SIMPLES

A. **Que mudanças ocorrerão no futuro?** Use os verbos apropriados, no futuro.

1. O mundo *será* menor.

2. _____ menos problemas entre o homem e a mulher.

3. A mulher _____ o seu lugar na sociedade.

4. Todo mundo _____ um esforço para conseguir a paz.

5. O futebol _____ o esporte universal.

6. A educação _____ grátis.

7. Não _____ exames nas escolas.

B. **Diálogo**:

Renato — Para onde você irá nas férias do fim do ano?

Luiza — _____

Renado — De que você viajará?

Luiza — _____

Renato — Quanto tempo você passará lá?

Luiza — _____

Renato — Onde você ficará?

Luiza — _____

Renato — Que lugares você visitará?

Luiza — _____

Renato —— Você viajará sozinho?

Luiza —— _____

Renato —— O que você trará para mim?

Luiza —— _____

Renato —— Você escreverá para mim?

Luiza —— _____

C. **Como eu vejo o meu futuro**. Escreva um pequeno parágrafo dizendo como você vê o seu futuro.

A minha vida será... _____

_____

_____

_____

_____

_____

_____

D. **Horóscopo**. Escreva um horóscopo para alguém que você conheça. Use o tempo do futuro simples para predizer o que acontecerá em relação ao amor, à saúde, ao trabalho e à situação financeira dessa pessoa.

_____

_____

_____

_____

_____

_____

_____

_____

_____

V. ATIVIDADE ESCRITA: RONDÔNIA, TERRA DE PROMISSÃO. Escreva uma pequena história sobre Rondônia usando os dados abaixo. Use os tempos verbais no passado.

1. A sua história começa no século XVII com a chegada dos portugueses à área.
2. No século XVIII aventureiros chegam à procura de ouro.
3. Território do Guaporé (um rio) é o seu primeiro nome.
4. No século XX chega mais gente a procura de borracha.
5. Porto Velho é a capital.
6. Em 1956 o nome do Território é mudado para Rondônia em homenagem ao grande indianista, Marechal Cândido Rondon.
7. Em 1981 é elevado a Estado.
8. Atividades econômicas: agricultura, extração vegetal e mineral, pecuária e uma crescente base industrial.
9. Minérios: estanho, ouro.
10. Produtos agrícolas: arroz, feijão, milho, mandioca, cacau e banana.

Rondônia: Terra de Promissão

_____

_____

_____

_____

_____

_____

_____

_____

_____

_____

_____

_____

VI. *FUTURO DO SUBJUNTIVO -- VERBOS REGULARES*

A. **O que nós vamos fazer?**

1. Nós vamos sair depois que nós (almoçar) *almoçarmos*.

2. Nós vamos jantar depois que meu pai (ler) _____ o jornal.

3. Nós vamos ao supermercado quando nós (terminar) _____ o café da manhã.

4. Nós vamos para a biblioteca depois que a minha mãe (escrever) _____ _____ estas cartas.

5. Nós vamos dançar quando todo mundo (chegar) _____ em Ipanema.

6. Nós vamos à praia depois que nós (dormir) _____ um pouco.

B. **Querer é poder!** Complete o diálogo:

Márcia — Depois que eu me formar, eu vou passar um ano viajando pelo Brasil.

Sônia — _____

Márcia — Ora, se você economizar bastante dinheiro, você vai passar um ano muito divertido.

Sônia — _____

Márcia — Acho que se você trabalhar também nos fins de semana, vai ajudar muito.

Sônia — _____

Márcia — Por que você não fala com os seus pais quando eles voltarem de Portugal?

Sônia — _____

Márcia — Escuta, Sônia, tudo é possível! Querer é poder! Se nós trabalharmos e conseguirmos ajuda dos nossos pais, nós não teremos grandes problemas, concorda?

Sônia — _____

Márcia — Sim, prometo lhe telefonar logo que eu sair do trabalho.

C. Dando Conselhos: Complete as frases que se seguem.

1. Quando você *terminar*, vá para casa.

2. Quando você (acordar) _____

3. Depois que vocês (sair) _____

4. Quando vocês (trabalhar) _____

5. Quando vocês (correr) _____

6. Logo que vocês (partir) _____

7. Se vocês (estudar) _____

8. Se você não (beber) _____

9. Se vocês (mentir) _____

10. Se você não (fumar) _____

D. Uma carta para os meus pais! Escreva uma carta para os seus pais falando dos seus planos para o futuro. Inclua data e local.

_____

_____

_____

_____

_____

_____

_____

_____

_____

_____

_____

_____

VIII. PARTICÍPIO

A. **Preparativos para uma viagem!** Você acaba de verificar os preparativos da sua viagem e tudo está em ordem. Use o verbo *ser* e o particípio.

    1. o passaporte *já foi tirado*

    2. as malas (fazer) _____

    3. a passagem (pagar) _____

    4. o visto (providenciar) _____

    5. o dinheiro (retirar) _____

    6. as roupas (arrumar) _____

    7. a bagagem (pesar) _____

    8. os presentes (embrulhar) _____

    9. o itinerário (decidir) _____

    10. as reservas (fazer) _____

    11. o hotel (reservar) _____

    12. os cheques de viagem (comprar) _____

B. **Que confusão!** Complete o texto com o particípio dos seguintes verbos: *confundir, acender, quebrar, desligar, aliviar, jogar, espalhar, apagar, abrir, entrar, acontecer, errar, ligar, rasgar.*

Quando eu cheguei em casa as luzes estavam _____. Fiquei surpreso pois me

lembrei muito bem de ter _____ as luzes antes de sair. Tive medo de entrar.

Peguei a chave para abrir a porta mas ela já estava _____. O medo foi tomando

conta de mim. Abri a porta e entrei. Que confusão! A televisão e o rádio estavam

_____, o telefone estava _____ no chão e as cortinas da sala estavam

_____. Passei para a cozinha e com espanto encontrei os pratos

_____, a porta da geladeira _____, os talheres

_____ por toda parte. De repente notei que algo estava _____.

Aquela não era a minha casa. Por engano eu tinha _____ na casa do vizinho.

Senti-me _____ mas muito _____. Fui logo avisar o porteiro

do prédio sobre o que tinha _____.

IX. "ZONA FRANCA DE MANAUS" Leia o anúncio e responda às perguntas abaixo.

ERRATA:
onde se lê
Zona Franca de Manaus,
leia-se Zona Franca
da Amazônia Ocidental.

A Superintendência da Zona Franca de Manaus - Suframa poderia se chamar Superintendência do Desenvolvimento da Amazônia Ocidental.

Pois a sua área de atuação compreende toda essa região equivalente a quase 26% do território nacional, onde estão os Estados do Amazonas e Acre, além dos Territórios de Rondônia e Roraima.

Entenda a finalidade da Zona Franca de Manaus: ela foi criada para gerar um centro industrial, comercial e agropecuário que fortalecesse éssas 4 unidades do País. E está começando a conseguir isso.

Tudo começa pelo próprio setor industrial. Uma política de industrialização de matérias-primas regionais já está em ação, apoiando projetos localizados na área. Para isso, aplicam-se recursos nos Distritos Industriais do Acre e de Roraima, de forma a proporcionar infra-estrutura física às novas indústrias.

Na agropecuária, selecionam-se terras no Acre, Rondônia e Roraima, para a implantação de centros produtores de alimentos.

Enquanto isso, desenvolvem-se programas específicos para a formação de rebanhos bovinos e bubalinos, além das culturas de ciclo curto nas várzeas.

Zona Franca de Manaus. O nome é esse mesmo, mas as finalidades são muito mais amplas. Do tamanho exato da Amazônia Ocidental.

Zona Franca de Manaus.
Pólo do Norte

Associação Comercial do Amazonas
Centro da Indústria do Estado do Amazonas

1. O que significa SUFRAMA? _____

_____

2. Qual é a "errata" deste anúncio? _____

_____

3. Por que a mudança do nome? _____

_____

4. Com que finalidade foi criada a Zona Franca de Manaus? _____

4. Com que finalidade foi criada a Zona Franca de Manaus? _____

_____

5. O que já está em ação no setor industrial? _____

_____

6. O que proporcionam os recursos aplicados nos Distritos Industriais do Acre e de Roraima _____

_____

7. O que é "agropecuária"? _____

8. O que se tem feito para desenvolver a área da agropecuária? _____

_____

9. Que tipos de programas específicos são desenvolvidos? _____

_____

X. *"A LENDA DA MÃE-D'ÁGUA"*. Leia a história que se segue e responda às perguntas.

Era uma vez um homem muito pobre, que tinha uma boa plantação de *melancias* na *beira* do rio. Porém, quando as frutas estavam maduras, desapareciam de noite. Ele procurava *rastros* de ladrão, mas nada encontrava.

— Deve ser algum *canoeiro* que vem pela água.

Escondeu-se atrás de uma *moita*, à noite, e ficou vigiando. Mas nada viu nas duas primeiras noites. Na terceira noite, ouvindo um leve *rumor* para os lados do rio, foi até lá e viu uma linda moça, de compridos cabelos verdes e olhos-d'água profundos, colhendo as melancias todas. Foi atrás dela, devagarinho, *pé ante pé*, e *agarrou-a*.

— Ah! *danada!* — gritou ele. — É você que *carrega* as minhas melancias! Pois agora você vai para minha casa, casar-se comigo!

— Eu não! — gritava ela. — Eu não!

Como o homem insitisse ele propôs:

— Caso se você nunca falar mal da água.

— Pois sim. Nunca falarei.

No domingo seguinte casaram e, imediatamente, o homem viu tudo mudar misteriosamente em sua propriedade. Apareceu um *melancial coalhado* de grandes melancias, um *arrozal* que era uma beleza, vacas pastando, ovelhas, etc. E tudo dava muito certo: o homem fazia um negócio, ganhava muito dinheiro!

Tudo correu bem por muito tempo, até que a moça começou a se *desleixar* e a não cuidar nem da casa nem dos filhos. Após várias reclamações, um dia, perdendo a paciência, o homem falou:

— Já se vê que você veio da água suja!

A moça, que estava sentada, levantou-se e foi andando em direção ao rio.

O homem gritava, desesperado: — Não vá la não, mulher! Volte!

Atrás dela foram seguindo os filhos, os bois, as vacas, os *carneiros*, os cavalos, até o gato, o cahorrinho das crianças, o *papagaio*. Foram andando para o rio, entrando n'água e desaparecendo aos poucos, sem barulho.

— Volte, mulher! Volte! *Berrava* o homem.

Mas, até os móveis, os *baús* começaram a *pular* para o rio, e a própria casa se *sacudiu* e pulou também. Tudo *engolido* pelas águas! Por último a moça *mergulhou* para sempre.

Foi então que o homem olhou em volta e se viu sozinho, na margem tranqüila, com as suas roupas de pobre e na terra somente havia uma pobre plantaçãozinha de melancia. Mas a Mãe-d'Água nunca mais *mexeu* nas melancias.

Ruth Guimarães, *Lendas e Fábulas do Brasil*

agarrar grab	**engolir** swallow up
arrozal rice field	**melancia** watermelon
baú trunk	**melancial** watermelon patch
beira bank	**mergulhar** sink
berrar yell	**mexer** mess with
canoeiro canoeman	**moita** bush
carneiro sheep	**papagaio** parrot
carregar carry off	**pé-ante-pé** on tip-toe
coalhado overflowing	**pular** jump
danada smarty	**rastro** track
desleixar-se not take care of herself	**sacudir-se** shake itself

1. Complete: Era uma vez _____

   _____

2. O que o homem tinha? _____

   _____

3. "Melancia" é _____

4. "Madura" significa _____

5. O que acontecia quando as frutas estavam maduras? _____

   _____

6. O que o homem fez para encontrar o ladrão? _____

   _____

7. Quantas noites ele ficou vigiando? _____

   _____

8. O que ele ouviu na terceira noite? _____

   _____

9. O que ele viu então? _____

10. Descreva a moça. _____

_____

11. Que castigo o homem deu à moça? _____

_____

12. Que condição a moça impôs para se casar com ele? _____

_____

13. Cite três mudanças positivas que aconteceram depois do casamento:

a. _____

b. _____

c. _____

14. Depois de algum tempo de casados, o que aconteceu com a moça?

a. _____

b. _____

c. _____

15. O que o homem disse quando perdeu a paciência com a moça? _____

_____

16. O que a moça fez ao ouvir o que o homem disse? _____

_____

17. O que o homem gritava, desesperado? _____

_____

18. Atrás da moça foram seguindo:

a. _____

b. _____

c. _____

d. _____

19. O que foi engolido pela água?

    a. _____

    b. _____

    c. _____

    d. _____

20. O que o homem viu à sua volta? _____

_____

21. O que havia na terra? _____

_____

22. O que a Mãe-d'Água fez? _____

_____

23. Conte uma lenda que você ouviu quando era criança:

_____

_____

_____

_____

_____

_____

_____

_____

_____

_____

_____

_____

XI. PRETÉRITO-PERFEITO COMPOSTO

A. **Bons Tempos**. Os últimos meses têm sido muito bons para nós porque...

1. Eu -- dormir bem. *Eu tenho dormido muito bem.*

2. Papai -- ganhar bom dinheiro _____

3. Mamãe -- fazer bons negócios _____

4. Vovô e vovó -- vir aqui todos os fins de semana _____

5. Tio Jorge -- telefonar com freqüência_____

6. Nós -- viajar bastante_____

7. Roberto -- tirar boas notas _____

8. Helena -- levantar sempre cedo _____

B. **Conversa entre amigos**. Complete o diálogo com os verbos no pretérito-perfeito composto.

Júlia	—— Você já visitou o Rio de Janeiro?
Renato	—— Claro! Eu *tenho ido* lá todos os anos.
Júlio	—— Você conhece alguém lá?
Renato	—— Sim. Eu _____ (fazer) bons amigos.
Júlia	—— E você _____ (trabalhar) muito ultimamente?
Renato	—— Tenho. Imagine você que eu _____ (ficar) no meu escritório umas dez horas todos os dias.
Júlia	—— Mas trabalhar tanto assim não faz bem à saúde!
Renato	—— Mas eu _____ (tirar) férias todos os anos. Eu e a minha esposa _____ (viajar) para o Brasil anualmente.
Júlia	—— Ah! E você tem notícias da Lúcia? Faz tempo que não a vejo.

Renato   — Ultimamente eu não a _____ (ver). Acho que ela

está de férias.

Júlia   — Bem, Renato, eu já vou indo. Não quero chegar atrasada na

faculdade.

XII. *HÁ E FAZ* INDICANDO TEMPO PASSADO

A. **Entrevista**. Use *há* ou *faz* na sua resposta.

1. Há quanto tempo você estuda português? *Eu estudo português há três meses.*

2. Quanto tempo faz que você veio para esta cidade? Eu vim para esta cidade há seis horas.

3. Faz muito tempo que você visitou a sua família? Eu visitei minha família faz cinco dias.

4. Quando você fez o seu último exame de português? Meu último exame de português faz once do decembro

5. Quando foi a última vez que você fez uma viagem? A última vez que eu faz uma viagem fui

6. Há quanto tempo você não lê um bom livro? Há

7. Há quanto tempo você está estudando nesta escola? _____

8. Quanto tempo faz que você comprou o seu carro? _____

9. Fazia muito tempo que você não comia feijoada? _____

10. Quando tempo fazia que você não jogava tênis? _____

_____

B. **Faz muito tempo!** Escreva um parágrafo sobre alguma coisa que você fez já há muito tempo.

Faz muito tempo que _____

_____

_____

_____

_____

_____

_____

_____

_____

_____

_____

XIII. COMPARATIVOS E SUPERLATIVOS IRREGULARES

A. **A sua opinião!**. Faça frases usando as palavras abaixo.

1. filme - bom *O melhor filme que eu vi foi "Amadeus".*

2. livro - ruim _~~O melhor livro~~ O melhor livro que eu le foi " Catch 22_

3. viagem - boa _____

4. cidade - grande _____

5. carro - pequeno _____

6. férias - mais _____

7. restaurantes - bons _____

8. universidades - grandes _____

9. programa de televisão - bons _____

10. classes - ruins _____

11. homem - mau _____

B. **Que ano!** Descreva um dos melhores e mais fantásticos anos da sua vida.

_____

_____

_____

_____

_____

_____

_____

_____

_____

_____

C. **O melhor e o pior!** Faça comparações usando um dos seguintes tópicos: dois filmes, dois livros, dois amigos, duas cidades ou duas universidades.

_____

_____

_____

_____

_____

_____

_____

_____

_____

_____

PARTE II

I. "PEGUEI UM ITA NO NORTE"

Página de diário. Francisco, o narrador da canção "Peguei um ita no norte", anotou no seu diário a sua partida, travessia e chegada ao Rio de Janeiro. Escreva abaixo a página do diário do Francisco referente à sua viagem.

Data: _____

Resolvi sair de Belém do Pará e tentar a vida no Rio de Janeiro. (continue) _____

_____

_____

_____

_____

_____

_____

_____

_____

_____

_____

II. FUTURO DO SUBJUNTIVO -- REVISÃO

A. **Conversinhas.** Complete os mini-diálogos com os verbos no futuro do subjuntivo: *estar, ter, querer, vir, ser, dar.*

1.

— Quando vocês vão se casar?

— Quando nós ___tivermos___ bastante dinheiro para comprar uma

casa. Lembre-se do ditado "quem casa quer casa".

— E vocês já sabem onde vão morar?

— Se _____for_____ possível queremos morar na parte norte da cidade.

A vida lá parece ser mais calma.

— Tenho um colega que trabalha para uma ótima imobiliária. Quando vocês

_____estiverem_____ prontos é só me avisar.

2.

— O que nós vamos fazer nesse fim de semana?

— O que você _____quiser_____. Podemos pegar uma praia, ir a um

cinema, dançar, etc. Mas se nós _____tivermos_____ tempo eu gostaria

de passar num supermercado para fazer umas comprinhas.

— A gente pode parar no Supermercado Disco depois que nós

_____formos_____ da praia.

— Vamos logo! Se nós _____formos_____ rápidos, poderemos chegar a

tempo de ver o vôlei de praia.

B. **Aconteça o que acontecer...** Complete as seguintes expressões como no exemplo:

1. Aconteça o que acontecer *Aconteça o que acontecer eu não vou sair hoje.*

2. Seja quem for _____

3. Seja como for _____

4. Venha o que vier _____

III. *GUIA DE VÍDEO.* Faça o resumo de dois filmes que você viu recentemente. Siga os resumos de "Ele, o boto" e "Fitzcarraldo", abaixo, como modelo.

ELE, O BOTO (1987), Transvídeo — Um filme diferente, meio-termo entre a aventura e o romance. Parte da lenda brasileira de que o boto é capaz de se transformar em um homem e conquistar as mulheres dos pescadores. Ney Latorraca, Cássia Kiss e Carlos Alberto Riccelli (como o Boto) estão excelentes. Direção de Walter Lima Jr.

FITZCARRALDO (1982), Transvídeo — Realização do diretor alemão Werner Herzog, com seu estilo lento e pomposo. História da determinação doentia de um homem que quer construir uma casa de ópera na selva amazônica. O empenho do personagem (vivido por Klaus Kinski) e do diretor se confundem.

A. _____

_____

_____

_____

_____

_____

_____

_____

_____

_____

_____

_____

_____

_____

B. _____

_____

_____

_____

_____

_____

_____

_____

_____

_____

_____

_____

_____

_____

IV. VOZ PASSIVA.

Lendo o jornal. Use a voz passiva para escrever manchetes para o jornal do dia.

1. ponte -- construir *Uma ponte foi construída no Rio de Janeiro.*

2. avião -- seqüestrar (hijack) _O avião foi seqüestrada._

3. criança -- raptar (kidnap) _A criança foi raptada._

4. ilha -- descobrir _As ilhas foram descobrida._

5. museu -- inaugurar _O museu foi inaugurada._

6. edifício -- destruir _O edifício foi destruído._

7. leão -- matar _Os leãos foram morto._

8. estudante -- expulsar _O estudante foi expulso._

9. professor -- despedir _O professor foi despedido._

10. teatro -- incendiar _O teatro foi incendiado._

11. casa -- assaltar _As casas foram assaltada._

12. universidade -- fundar _O universidade foi fundada._

V. UMA AVENTURA NA SELVA AMAZÔNICA.

Narre uma viagem imaginária à floresta amazônica. Vocabulário sugerido: *rio, água, chuva, pássaro, árvore, animal, quente, úmido, índio, caboclo, floresta, mata, solidão, silêncio.*

_____

_____

_____

_____

_____

_____

_____

_____

_____

_____

_____

_____

_____

_____

_____

_____

_____

_____

VI. O MAIS-QUE-PERFEITO.

A. **Ainda não!** Faça frases usando o mais-que-perfeito. Siga o modelo abaixo.

1. Eu -- terminar o trabalho   *Na manhã seguinte eu ainda não tinha terminado o trabalho.*

2. Papai -- vir do escritório _____

    _____

3. Mamãe -- gastar todo o dinheiro _____

    _____

4. Meus amigos -- voltar para casa _____

    _____

5. Nós -- fazer as malas _____

_____

6. Tia Marta -- ir para o hospital _____

_____

7. Rosa -- comer nada _____

_____

8. Eu -- ver a minha família _____

_____

9. Minhas colegas -- escrever as cartas _____

_____

10. Vovô -- abrir as janelas _____

_____

B. **Um susto!** Complete o texto com os verbos no pretérito composto usando os verbos entre parênteses.

Eu estava assustada. O Jorge já me *tinha dito* que o Roberto ainda não (voltar) _____

_____. Eram já quatro e meia da manhã. Estávamos preocupados porque o

Roberto nunca (fazer)_____ _____ isso antes. Essa era a

primeira vez que ele não (avisar) _____ _____ que ele ia chegar

tarde em casa. Na certa (acontecer) _____ _____ alguma coisa. Nós

já (chamar) _____ _____ a polícia quando o telefone tocou. Era o

Roberto. O seu carro (ter) _____ _____ problemas no

caminho de casa. Ele explicou que (ir) _____ _____ até um orelhão

e ao colocar a mão no bolso ele (descobrir) _____ _____ que a

carteira dele (desaparecer) _____ _____ com todo o seu dinheiro.

Provavelmente alguém a (roubar)_____ _____ Quando a polícia chegou,

o Roberto já (encontrar) _____ _____ a carteira no porta-luva

do carro e tudo não passou de um susto.

VII. NO SUPERMERCADO

A. **Já posso ir ao supermercado.** Escreva nos espaços em branco.

1. Dois nomes de frutas: _____ e _____ .

2. Dois nomes de verduras: _____ e _____ .

3. Dois alimentos que formam o prato principal:

   _____ e _____ .

4. O que acompanha um prato principal? _____

5. O que você bebe de preferência?

   a. de manhã: _____

   b. na hora do almoço: _____

   c. na hora do jantar: _____

6. Dois temperos para carnes: _____ e _____ .

7. O que se compra para a semana?

   a. _____ de leite

   b. _____ de papel higiênico

   c. _____ de arroz

   d. _____ de biscoitos

   e. _____ pratos de papel

8. Dois utensílios para cozinhar: _____ e _____ .

9. Três cereais: _____ , _____ e _____ .

10. Três artigos de toilete no banheiro _____ , _____

    e _____ .

11. O que você se pode fritar na frigideira: _____ .

12. Três lugares onde se pode comprar alimentos: _____ ,

    _____ e _____ .

B. **"Organize suas compras"**. Os alunos do Clube de Português já estão organizando suas compras para o reveillon do Ano Novo. Leia a lista de compras e responda às perguntas:[1]

ORGANIZE SUAS COMPRAS

PARA COMPRAR COM ANTECEDÊNCIA

150 g de queijo parmesão
1 copo de requeijão
1 vidro de 500 g de maionese
300 g de queijo provolone
3 pacotes de manteiga
1 1/2 dúzia de ovos
1 lata de 500 ml de azeite de oliva
sal
pimenta-do-reino
picles
mostarda
catchup
baunilha
bicarbonato de sódio
karo
açúcar
4 kg de farinha de trigo
400 g de chocolate em pó
750 g de chocolate granulado
100 g de chocolate meio-amargo
110 g de açúcar cristal
1 vidro pequeno de leite de coco

1 pacote de coco ralado
9 latas de leite condensado
8 dúzias de refrigerantes
pratinhos, garfos e copos descartáveis
canudinhos
guardanapos de papel

PARA COMPRAR 2 OU 3 DIAS ANTES

6 tabletes de fermento para pão
500 g de queijo-de-minas
200 g de ricota
150 g de presunto
1/2 kg de frango
3 tomates
1 maço de salsinha
900 g de carne moída

PARA COMPRAR NO DIA

1 pacote de pão de forma preto sem casca
3 pacotes de pão de forma branco sem casca

1. Por que o pão vai ser comprado no dia? _____
_____

2. Que coisas os alunos vão comprar com antecedência? _____
_____
_____
_____

3. Dê dois tipos de queijo que eles vão comprar.
_____
_____

4. Quais os três tipos de chocolate que vão ser comprados?
_____
_____

5. Que quantidade de pães os alunos vão comprar?
_____

6. Além das comidas e bebidas o que vai ser necessário?
_____
_____

---

[1]   **canudinho** straw   **pão de forma** Pullman bread
        coco ralado grates coconut   **requeijão** cream cheese
        presunto ham   **salsinha** parsley

7. Que adjetivos identificam o seguinte:

açúcar _____

carne _____

coco _____

copos _____

8. Indique a quantidade necessária dos seguintes produtos:

presunto _____

maionese _____

ovos _____

leite condensado _____

fermento para pão _____

C. **Receita: Brigadeiro**. Leia e responda.

Brigadeiro
————FÁCIL DE FAZER————

10 colheres (de sopa) de chocolate em pó

2 latas de leite condensado
4 colheres (de sopa) de margarina
1 xícara de chocolate granulado

• Numa panela misture o leite condensado, a margarina e o chocolate em pó. Leve ao fogo e mexa sempre com uma colher de pau até engrossar e soltar do fundo da panela. Despeje numa vasilha refratária untada e deixe esfriar.
• Faça bolinhas com a mão untada com margarina e passe no chocolate granulado. Dá mais ou menos 70 bolinhas.

1. Que ingredientes entram na receita do brigadeiro?

_____

_____

_____

_____

_____

2. Que quantidade se precisa de leite?

_____;   de margarina?

_____.

3. Onde se mistura os ingredientes? _____

untar greased   **engrossar** thicken
vasilha refratária glass baking dish

4. Que tipo de colher se usa para mexer? _____

5. Por quanto tempo se mexe? _____

6. Palavra no texto que indica "colocar" ou "pôr" os ingredientes? _____

7. O que significa "untar uma vasilha"? _____

8. Depois de fazer as bolinhas onde você as passa? _____

D. **Modo de fazer**. Leia sobre o modo de preparar as sardinhas recheadas (stuffed sardines) e responda.

Sardinhas recheadas
———FÁCIL E REQUINTADA———

• Limpe os peixes, retirando a cabeça e a espinha central.
• Lave o espinafre, porém não escorra. Pique as folhas e coloque numa panela com sal e pimenta-do-reino e cozinhe lentamente (sem acrescentar água) por 5 minutos.
• Numa frigideira aqueça o óleo e frite o alho ligeiramente. Junte o espinafre e frite por mais de 1 minuto.
• *Para o molho:* derreta a manteiga, junte a farinha e cozinhe mexendo por 1 minuto. Aos poucos junte o caldo e o leite, mexendo sempre até que engrosse. Tempere com sal, pimenta e noz-moscada.
• Misture 4 colheres (de sopa) do molho com o espinafre. Coloque uma fatia fina de presunto em cada peixe. Acrescente 1 colher (de chá) de espinafre.
• Molhe o fundo de uma fôrma refratária com um pouco de molho. Arrume os peixes. Despeje o molho restante por cima. Esta receita pode ser feita com antecedência até este ponto. Na hora de servir, leve ao forno preaquecido moderado (180º) por uns 20-30 minutos. Sirva na própria fôrma. Dá 20 unidades.

1. Lista dos ingredientes:

_____

_____

_____

_____

_____

_____

_____

2. Direções: Use os verbos apropriados:

Limpe o espinafre.

_____ as folhas.

_____ numa panela.

_____ o óleo.

_____ o alho.

_____ a manteiga.

arrumar arrange
aquecer heat
derreter melt
despejar pour
escorrer drain

espinafre spinach
espinha central backbone
molho sauce
noz-moscada nutmeg

_____ o fundo de uma forma.

_____ ao forno.

3. A minha receita. Escreva abaixo a receita do seu prato favorito.

Ingredientes: _____

_____

_____

_____

_____

_____

_____

_____

_____

_____

Modo de fazer: _____

_____

_____

_____

_____

_____

_____

_____

_____

_____

Fiado nunca mais

Os <u>armazéns</u> fecham as portas e carregam consigo hábitos e cenas de uma cidade que ninguém reconhece

Armazém é coisa do passado. Na Zona Sul, então, não passam de 10 raridades na paisagem massacrada por hipermercados, supermercados, mercadinhos e mercearias. O reduto desses templos de resistência é Santa Teresa. Acredita-se que ali cheguem a oito. Um deles, o Armazém Santiago, está instalado na Rua Monte Alegre há quase um século. Jesus Posa Garcia Filho, 57 anos, nasceu ali mesmo. E cresceu em meio aos sacos de granéis, aos móveis de peroba do campo, à bagunça de produtos que caracteriza um armazém. Seu Jesus é um nostálgico. Substituiu três balanças Conteville de pezinhos por outras mais modernas, mas não vende as antigas. E também conserva alguns corrimões, aquela espécie de caneca galvanizada que servia para catar cereais. Nesses tempos de inflação alucinada, só não teve coragem de preservar uma das instituições desse tipo de comércio: o caderninho.

Perto dali, no Largo dos Guimarães, há porém uma versão adaptada aos tempos modernos. O caderninho substituído por nota fiscal, cobrada no final do mês. É uma concessão dos irmãos Osvaldo e Orlando Alves da Cruz só aos fregueses mais antigos do estabelecimento, fundado em 1901. Há sinais de mudança também nas gavetas de vidro, onde as massas a granel deram lugar às latas de industrializados. Ou nas caçapas, que deixaram de acondicionar cereais para serem atulhadas de garrafas, jornais, catálogos telefônicos. Mas o cofre do século passado, o calendário parado no tempo e a velha registradora com o indefectível santinho continuam lá. Figuras de santos, por sinal, são símbolos de armazém. Como a caixinha de "Boa-Noite" ou a bebida no balcão. Mas podem acabar. O dono do Armazém Corcovado, em Laranjeiras, está pensando em reformar o lugar. Manuel da Rocha, 53 anos, dono do Armazém/Mercearia Pacheco Leão, o único do Jardim Botânico, também. O lugar só lembra um armazém porque vende de tudo, abre até aos domingos e mantém o caderninho de fiado. Seu Manuel acha que "armazém é coisa de museu". O tempo se encarrega de lhe dar razão.

armazém general store	**catar** cull	**saco de granel** grain sack
atulhar stuff full	**cofre** safe	
bagunça confusion	**corrimão** handrail	
balança scale	**indefectível** obligatory, unfailing	
caçapa bag	**massas a granel** bulk pasta	
caderninho ledger	**mercearia** grocery store	
(**de fiado** credit book)	**peroba** hardwood	
caneca galvanizada scoop	**registradora** cash register	

1. O que é um armazém? _____

_____

2. Hoje em dia nós fazemos as nossas compras nos

a)_____ b) _____ c) _____

3. O que caracteriza um armazém?

a) _____

b) _____

c) _____

4. Que mudanças seu Jesus fez no seu armazém? _____

_____

5. O que ele conservou do passado? _____

_____

6. Como os irmãos Osvaldo e Orlando Alves da Cruz modernizaram o seu armazém?

_____

7. O que continua no armazém deles como símbolo do passado?

_____

8. Em que aspecto o Armazém Pacheco Leão lembra um armazém do passado?

_____

VIII. "QUEM FOI O EXPLORADOR FRANCISCO DE ORELLANA?"

Quem foi o explorador Francisco de Orellana

Da Redação da Folha

Francisco de Orellana (1511-1546), soldado espanhol e primeiro explorador do rio Amazonas, nasceu em Trujillo e viajou até o Peru em 1535, estabelecendo-se em Guaiaquil em 1537. Participou da expedição que Gonzalo Pizarro organizou para explorar a região leste do Equador.

Em abril de 1541, Orellana comandava uma expedição de cinquenta homens que buscavam provisões e se perderam na confluência dos rios Napo e Maranhão. Não podendo retornar, Orellana e seus homens desertaram da expedição Pizarro e alcançaram o rio Amazonas, chegando ao oceano Atlântico em agosto de 1542.

Durante a viagem, Orellana ouviu uma história sobre uma tribo de mulheres guerreiras que ele acreditou ter encontrado em um dos afluentes do Amazonas. Provavelmente, ele deu este nome ao rio por causa da semelhança com a mitologia grega. Voltando à Espanha, Orellana exigiu o direito de explorar as regiões que havia descoberto, às quais voltou em 1544.

A. **Responda às perguntas.**

1. Quando Orellana nasceu? _____

2. Onde ele nasceu? _____

3. Quando ele morreu? _____

4. Quem foi Orellana? _____

   _____

5. O que aconteceu com Orellana em 1541? _____

   _____

6. Sem poder retornar, o que Orellana e seus homens fizeram? _____

   _____

7. Explique a origem do nome dado ao Rio Amazonas. _____

   _____

8. O que Orellana exigiu ao voltar à Espanha? _____

   _____

9. Ele conseguiu o seu objetivo? _____

   _____

10. Em resumo, qual o maior feito de Orellana? _____

   _____

   _____

B. **Trabalho de pesquisa**. Procure na biblioteca informações sobre as Amazonas, na mitologia grega, e escreva uma pequena redação sobre elas.

_____

_____

_____

_____

_____

_____

_____

_____

_____

_____

_____

_____

_____

_____

VIII. POR -- PARA

A. **Que absurdo!** Complete o diálogo usando *por* e *para*.   Faça as contrações com os

artigos quando for necessário.

Ricardo	— _____ onde você vai?
Alberto	— Vou _____ o centro da cidade.
Ricardo	— E _____ onde você vai?

Alberto   — Vou _____ Avenida Atlântica.

_____ lá o trânsito é bem melhor.

Ricardo   — Você pode me dar uma carona? Preciso passar

_____ oficina _____ ver se

o meu carro está pronto.

Alberto   — Pensei que seu carro já estava consertado. Quanto é que

você vai pagar _____ conserto?

Ricardo   — Acho que _____ menos uns cinco mil

cruzados.

Alberto   — Você vai pagar isso tudo _____ um

consertinho de nada? Que absurdo!

Ricardo   — _____ meus pecados o mecânico é meu

sogro!

B. **Um reencontro!** Complete o texto com as preposições *por* e *para*.

Ontem eu encontrei o Eduardo _____ acaso. Já fazia tempo que não o via.

Conversamos _____ menos umas duas horas e combinamos sair juntos _____

a próxima semana. Ele me disse que esteve no Brasil _____ uns dois anos e

que não tinha entrado em contato comigo _____ falta de tempo.

_____ mim é difícil compreender como um amigo não tem um tempinho _____ se

comunicar com os amigos. Ao mesmo tempo eu entendo a sua atitude, pois quando nos

separamos nós pensamos que era _____ sempre. O importante é que ele está

aqui e que poderemos sair juntos _____ algum tempo. Durante a nossa

conversa descobri que ele está trabalhando para uma companhia multinacional e

_____ sorte ele vai ficar viajando _____ lá e

_____ cá.

UNIDADE 8

O NORDESTE DO BRASIL

Parte I

I. APRESENTAÇÃO.

Escreva sobre o Nordeste brasileiro usando o seguinte vocabulário: *tradição, contradição, caatinga, sertão, artesanato, litoral, nordestino, seca, enchente, povo, religiosidade.*

_____

_____

_____

_____

_____

_____

_____

_____

_____

_____

_____

_____

_____

_____

_____

II. REVISÃO DO FUTURO.

A. **Uma viagem ao Nordeste.** Complete o diálogo com os verbos no futuro do indicativo e do subjuntivo.

— Você já visitou o Nordeste?

— Ainda não, mas se Deus (querer)_____ eu (fazer) _____ uma excursão por lá no próximo ano.

— Visitei várias cidades quando estive lá.   Tudo é tão lindo. Nunca me (esquecer)

_____!

— Quando eu (poder) _____ , eu (ir) _____ ao sertão. Quero ver como é a caatinga.

— Se você (ter) _____ tempo não deixe de ir a uma feira livre nordestina. Lá você (encontrar) _____ todo tipo de artesanato.

— Tenho fé no Padre Cícero de que eu (conseguir) _____ fazer isso, haja o que (haver) _____ .

— Tenho muita fé no Padre Cícero. Se você (fazer) _____ uma promessa, você pode ter a certeza de que tudo (sair) _____ bem.

B. **Como será no ano 2.100?** Complete usando o futuro do indicativo de acordo com o exemplo dado.

1. As discotecas *não mais existirão*.

2. Os homens _____

3. As mulheres _____

4. A televisão _____

5. Os jovens _____

6. As crianças _____

7. Os animais _____

8. As cidades _____

9. As plantas _____

10. Os rios _____

C. **O meu futuro na minha mão!** Agora que você sabe o que a sua mão revela, escreva uma pequena redação sobre você de acordo com as linhas, a cor e o formato da sua mão!

_____

_____

_____

_____

_____

_____

_____

_____

_____

_____

_____

_____

_____

_____

_____

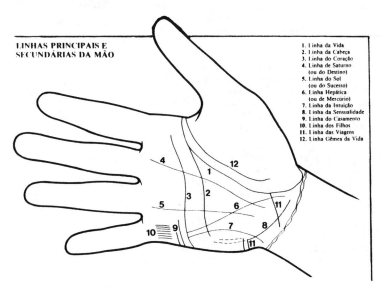

LINHAS PRINCIPAIS E
SECUNDÁRIAS DA MÃO

1. Linha da Vida
2. Linha da Cabeça
3. Linha do Coração
4. Linha de Saturno
   (ou do Destino)
5. Linha do Sol
   (ou do Sucesso)
6. Linha Hepática
   (ou de Mercúrio)
7. Linha da Intuição
8. Linha da Sensualidade
9. Linha do Casamento
10. Linha dos Filhos
11. Linha das Viagens
12. Linha Gêmea da Vida

III. LENDO E ESCREVENDO: PIAUÍ.

PIAUÍ

Aventuras, emoções, mistério e muita beleza. Esses ingredientes, que fazem o sucesso de qualquer livro ou filme, estão presentes em cada pedaço dos quase 251 mil quilômetros quadrados de extensão territorial do Piauí.

Na verdade, se o paraíso existe ele está aqui e começa a ser descoberto por um número cada vez maior de turistas brasileiros e estrangeiros que encontram no Piauí atrações inteiramente diferentes daquelas existentes em outros pontos do País.

Se você acha que já viu tudo o que pode se constituir em atração turística mas não viu o Piauí, pode ter certeza de que ainda falta muito para ver. Porque o Piauí oferece o turismo dos sonhos daqueles que encontram prazer em conhecer lugares e coisas diferentes.

Se as praias do Nordeste brasileiro, de um modo geral, são lindas, no Piauí elas parecem ter alcançado o ponto máximo em beleza. E com uma vantagem: estão concentradas em apenas 65 quilômetros, que é toda a extensão do litoral do Estado, e servidas por modernas rodovias.

Em Parnaíba, a pouco mais de 300 quilômetros da capital, Teresina, o turista encontra o primeiro pedaço de paraíso. A pouco mais de 20 minutos do centro da cidade está a Pedra do Sal,

principal praia da Ilha Grande de Santa Isabel. Um lugar que se caracteriza por um conjunto de rochas que invadem o mar proporcionando um cenário único no Brasil. De um lado está o mar forte, desafiador, açoitado pelo vento que provoca ondulações constantes e torna o local ideal para a prática de esportes como o surf e o wind-surf; do outro, um espetáculo inteiramente diferente com dezenas de barcos ancorados na calmaria de uma enseada de águas límpidas e cristalinas. Na praia, casebres de pescadores ajudam a compor uma paisagem bucólica que inspira paz e tranqüilidade.

No interior do Estado o turista marca um encontro com o mistério e o passado no Parque Nacional das Sete Cidades Encantadas, um conjunto de formações rochosas modeladas pela erosão e repletas de enigmas, como as inscrições e pinturas primitivas cuja origem desconhecida tanto são atribuídas a índios, como a fenícios (Erik Von Daniken, no livro Eram os Deuses Astronautas?) ou a algum povo nórdico.

Conhecer Sete Cidades, distantes 185 quilômetros de Teresina, é fazer um passeio pelo mundo dos sonhos e da fantasia. Nela é possível dar-se asas à imaginação, voltar no tempo e até mesmo atribuir todo aquele conjunto de impressionante beleza à visita de seres extraterrestres.

Mas Sete Cidades é ainda mais. Transformada em reserva ecológica, oferece aos visitantes a possibilidade de entrar em contato com animais raros em outros locais do País, como pacas, veados, porcos selvagens, tucanos e uma infinidade de pássaros das mais diversas espécies.

Parque de Sete Cidades

1. Qual é a extensão territorial do Piauí? _____

_____

2. Que "ingredientes" estão presentes no Piauí? _____

_____

3. Que palavra no segundo parágrafo corresponde a um lugar ideal, calmo e belo?

_____

4. Que tipo de turismo o Piauí oferece? _____

_____

5. O que caracteriza as praias do Piauí? _____

_____

6. Complete com palavras e expressões do texto:

A Pedra do Sal é a principal _____ da _____ de Santa Isabel.

Ela fica a pouco mais de _____ do centro da cidade e a pouco mais de

_____ de Teresina. De um lado de Pedra do Sal está o _____

que é um lugar _____ para a prática de ____ _____. Do outro

lado encontramos _____ ancorados nas águas _____. Os

_____ de pescadores inspiram _____.

7. Com que você marca um encontro no interior do Estado? _____

_____

8. O que se pode ver no Parque Nacional das Sete Cidades Encantadas? _____

_____

9. Por que se pode atribuir uma visita de seres extraterrestres ao Parque Nacional das Sete

Cidades Encantadas ? _____

_____

10. Os animais raros que você pode encontrar no Parque Nacional das Sete Cidades Encantadas

são: a) _____, b) _____, c) _____.

IV. PRESENTE DO SUBJUNTIVO -- VERBOS REGULARES

A. **Você quer demais!** Complete as frases usando expressões como *querer que, desejar que, esperar que, recomendar que, aconselhar que.*

1. _____ você chegue cedo.

2. _____ minha família venha me visitar.

3. _____ os meus colegas estudem comigo.

4. _____ você me telefone sempre.

5. _____ o papai me empreste dinheiro.

6. _____ o professor me ajude mais.

B. **Que professor exigente!** O que o professor exige de nós.

1. Ele deseja que nós (chegar na hora) *cheguemos na hora.*

2. Ele recomenda que nós (trazer o dicionário) _tragamos o dicionário_
_____

3. Ele prefere que nós (falar só português) _falemos só português_
_____

4. Ele proíbe que nós (sair antes do fim da aula) _saiamos antes do fim da_
_aula._____

5. Ele espera que nós (passar em todos os testes) _passemos em todos os_
_testes._____

6. Ele quer que nós (estudar mais) _estudemos mais._
_____

C. **Corra para viver mais!** Para praticar o Cooper (*jogging*) é bom que você siga os conselhos abaixo. Use os verbos no subjuntivo.

1. É bom que você ___use___ (usar) um tênis apropriado.

2. É necessário que você ___ponha___ (pôr) todo o pé no chão.

3. É recomendável que você __vesta__ (vestir) roupas confortáveis.

4. Eu aconselho que você __- Comece__ (começar) andando.

5. Convém que você __faça__ (fazer) um aquecimento muscular antes de correr.

6. É melhor que você __corra__ (correr) moderadamente sem se forçar muito.

7. É imperativo que você __escolha__ (escolher) um local com árvores, áreas

   abertas ou perto do mar.

8. É importante que você __estabeleça__ (estabelecer) um horário invariável.

9. É recomendável que você não __coma__ (comer) alimentos sólidos antes de

   correr.

10. Finalmente, convém que você __Consulte__ (consultar) um médico antes de

    correr.

D. **Pedidos ao Padre Cícero.** Faça os seus pedidos, usando o subjuntivo.

1. Para o mundo. *Desejo que o mundo viva sempre em paz.*

2. Para os seus pais. _____

   _____

3. Para o seu país. _____

   _____

4. Para os seus amigos. _____

   _____

5. Para a sua universidade. _____

   _____

6. Para o seu namorado ou namorada. _____

   _____

E. **A Tia Candinha responde!** Leia a carta de "Solitária" e escreva a sua resposta.

"Acho que sou incapaz de amar alguém. Quando começo a namorar, sempre acho mil defeitos e acho que essa mania de encontrar alguém perfeito vai acabar me deixando sozinha. Se tento prolongar o namoro, acabo ficando com raiva da pessoa. Como posso me corrigir?" **Solitária**, São Paulo.

Querida Solitária:

Antes de mais nada, é necessário que...

_____

_____

_____

_____

_____

_____

_____

_____

_____

_____

_____

_____

_____

Tia Candinha

F. **Qual é o problema?** Leia a resposta da Tia Candinha ao lado e escreva a carta que motivou essa resposta.

— Você já pensou que o que chama de repressão pode ser amor? Seus pais sabem que o mundo não é fácil e que uma garota de 16 anos é presa fácil das muitas tentações que ele esconde. Acredito que todo esse medo que sua mãe tem em deixá-la sair de casa é em função da sua revolta. Para contrariar seus pais, você poderá fazer tolices das quais mais tarde irá se arrepender. Muita moça que aos 16 anos desobedeceu aos pais e casou com o homem errado, aos 20 chora por não ter como se livrar de um marido repressor e bem mais cruel do que o pai ou a mãe. Use a inteligência e analise a atitude dos seus pais. Não se sinta presa, mas protegida. É possível que você passe a ver as coisas por um outro prisma e acabe conquistando a confiança dos seus pais.

Querida Tia Candinha:

_____

_____

_____

_____

_____

_____

_____

_____

_____

_____

_____

_____

_____

_____

_____

_____

V. IMPERFEITO DO SUBJUNTIVO

A. **Estudando no Brasil**. Complete o diálogo com os verbos indicados.

Renato —— Porque os seus pais queriam que você (estudar) _estudasse_____ no

Brasil?

Jane —— O papai queria que eu (aprender) _aprendesse_____ melhor o

português.

Renato —— E a sua mãe?

Jane —— Como você sabe, a mamãe é brasileira. Ela sempre quis que eu (conhecer)

_conhecesse_____ melhor o seu país e a sua família.

Renato —— E você? Gostou da idéia?

Jane —— No início eu tive medo de que eu não me (adaptar) _adaptasse_ bem a uma

vida tão diferente da minha.

Renato —— E agora que você está aqui, o que você pensa?

Jane —— Eu fiz tudo para que a minha vida aqui (correr) _corresse_____

sem problemas. Fiz bons amigos e estou adorando tudo.

Renato —— E o que você pode me dizer da faculdade?

Jane —— Duvidava que eu (conseguir) _conseguisse__ estudar aquilo que eu
Doubt

queria, mas a faculdade é boa e ofereceu muitas opções.

Renato —— Ah! Eu gostaria que você (ficar) _ficasse_____ aqui por muito

tempo!

B. **Lembranças da infância**. Procure lembrar das coisas que seus pais, parentes e amigos diziam.

1. Mamãe queria que eu *estudasse arquitetura*.

2. Papai não acreditava que eu _____

_____

3. Vovô proibia que eu _____

4. Vovó insistia que eu _____

5. Meus irmãos gostavam que eu _____

_____

6. Tia Luzia duvidava que eu _____

_____

7. Meus amigos esperavam que eu _____

_____

8. Meus professores aconselhavam que eu _____

_____

9. Minha prima tinha medo que eu _____

_____

10. Meu médico pedia que eu _____

C. **O que dizia a carta?** Você escreveu uma carta para o seu namorado que está no Brasil, dizendo o seguinte:

1. Eu queria que você (voltar) *voltasse* logo.

2. Eu preferia que você me (escrever) _____ todas as semanas.

3. Era aconselhável que você não (andar) _____ sozinho.

4. Era interessante que você (visitar) _____ o Nordeste.

5. Eu gostaria que você me (comprar) _____ uma figa.

6. Eu tinha medo que você se (esquecer) _____ de mim.

7. Era importante que você (conseguir) _____ um vôo direto.

8. Era imperativo que você não (sair) _____ com ninguém.

D. **Problemas e Conselhos: O que você aconselhou?**

1. Gil foi a uma loja com o Oscar, o seu melhor amigo, onde compraram algumas coisas. Ao sairem da loja, Gil notou que Oscar havia roubado um relógio. Naturalmente Oscar não esperava que o seu melhor amigo o denunciasse. Que conselho você deu ao Gil? Use o subjuntivo.

Eu aconselhei que o Gil _____

_____

_____

_____

_____

_____

_____

_____

_____

_____

2. Marta está estudando no Brasil e morando com uma família brasileira. Com exceção da Dª Rita, a dona da casa, ela sente que o resto da família não a trata muito bem. Ela não gosta da maneira como a família se comporta e se sente triste. Ela quer se mudar mas não tem coragem de falar com a família.

Marta, convinha que você_____

_____

_____

_____

_____

_____

_____

_____

_____

_____

E. **Agora é a minha vez!** Que problema motivou a resposta abaixo?

O negócio é que você não não tem auto-confiança. Eu recomendaria que você primeiro confiasse em si mesmo para depois poder confiar na pessoa amada. O ciúme exagerado é uma doença. Convinha que você se controlasse nos seus acessos de ciúmes e evitasse magoar a pessoa que você ama. Era bom que você discutisse calmamente os seus sentimentos com essa pessoa maravilhosa que você descreve. Lembre-se de que ninguém é dono de ninguém.

_____

_____

_____

_____

_____

_____

_____

_____

_____

VI. *BAHIA DE TODOS OS DEUSES.*

Escreva uma pequena redação sobre a Bahia. Vocabulário sugerido: *sincretismo religioso, Cidade Alta, Cidade Baixa, carnaval, Porto Seguro, tradição, afro-brasileiro, culinária, mestiço.*

_____

_____

_____

_____

_____

_____

VII. "OS MARAJÁS ESCOLHERAM ALAGOAS PARA MORAR".

O GOVERNO DE ALAGOAS JÁ DEIXOU DE PAGAR AOS MARAJÁS HÁ MAIS DE UM ANO. MAS MESMO ASSIM, MESMO SEM OS ANTIGOS PRIVILÉGIOS, OS MARAJÁS SE RECUSAM A DEIXAR O ESTADO. A RAZÃO É UMA SÓ: ALAGOAS TEM PRAIAS E LAGOAS CONSIDERADAS POR MUITA GENTE COMO AS MAIS BELAS DO PAÍS. TEM SOL PRATICAMENTE O ANO TODO. COM UMA TEMPERATURA MÉDIA DE 28 GRAUS. TEM CIDADES HISTÓRICAS, TEM PRATOS TÍPICOS, TEM RENDAS E ARTESANATO. SÓ NÃO TEM MAIS MARAJÁS. NÃO É À TOA QUE CADA VEZ MAIS GENTE VEM DESCOBRINDO ALAGOAS. SÓ NESTE ÚLTIMO ANO, O NÚMERO DE TURISTAS CRESCEU 22%. NA SUA PRÓXIMA VIAGEM, PROGRAME ALAGOAS. AQUI, COM UM GOVERNO SÉRIO E CORAJOSO, MUITA COISA TEM MUDADO. MENOS AS BELEZAS NATURAIS E A HOSPITALIDADE DO ALAGOANO.

POR QUE VOCÊ ACHA QUE OS MARAJÁS ESCOLHERAM ALAGOAS PARA MORAR?

SECRETARIA DA INDÚSTRIA, COMÉRCIO E TURISMO

1. "Marajá", no Brasil, é uma pessoa que conseguiu seu emprego por influência política ou de amigos, e que ganha muito dinheiro sem muito esforço. Por que uma pessoa indevidamente enriquecida escolheria Alagoas (Estado longe do "quente" do Rio e São Paulo) para morar?

_____

_____

_____

_____

2. Entre outras razões, os marajás continuam a residir em Alagoas, mesmo sem os seus privilégios, porque:

   a)_____   d)_____

   b)_____   e)_____

   c)_____   f)_____

3. Em Alagoas a temperatura média é _____, o sol _____ e as

   praias e lagoas _____

4. Qual a porcentagem do crescimento de turistas este ano? _____

5. Muita coisa tem mudado em Alagoas. O que não tem mudado? _____

   _____

VIII. PALAVRAS INDEFINIDAS

A. **De jeito nenhum!** Complete o diálogo usando as palavras indefinidas apropriadas: *algo, nada, alguém, ninguém, algum, nenhum, vários, qualquer.*

Jaime   —— Você vai falar com o seu pai hoje?

Renato   —— De jeito _____. Ele hoje está muito mal-humorado. Eu não

              quero que _____ atrapalhe os meus planos.

Jaime   —— Além do seu pai, _____ mais da sua família sabe dos seus

              planos?

Renato — Não, _____ sabe. Nem a mamãe.

Jaime — E você não vai pedir _____ ajuda à sua mãe?

Renato — Acho que a mamãe não pode fazer _____. Ela já me ajudou

_____ vezes. Coitada, ela não trabalha fora e não tem

_____ dinheiro no banco.

Jaime — De quanto você está precisando mesmo?

Renato — Cz$ 3.000,00. A esta altura eu faço _____ coisa para obter o

que eu quero.

Jaime — É mesmo? Que tal fazer _____ para mim? Eu pago bem!

Renato — Ah, não vem com _____ conversa fiada. É

_____ coisa interessante?

Jaime — É _____ que você pode fazer sem problemas: lavar o meu

carro e limpar o meu quarto.

Renato — De jeito _____! Prefiro ter aquela conversinha com o meu

pai ou continuar sonhando.

B. **Muitos problemas!** Complete o texto com as palavras indefinidas apropriadas: *qualquer, algo,*
nenhum, alguém, algum, alguma, ninguém, nada.

Preciso falar com _____ sobre os meus problemas. Se eu não fizer

_____ coisa eu vou enlouquecer! Ando muito deprimido e já pensei

_____ vezes em tirar umas férias. _____, nem mesmo os meus

pais compreendem que preciso me afastar daqui por _____ tempo. Agora

mesmo eu não quero estudar, não quero trabalhar, não quero fazer _____. Sei

que preciso fazer _____, ou seja, _____ coisa para aliviar um

pouco essa tensão. _____ me sugeriu fazer uma excursão pelo Nordeste do

Brasil. A idéia é boa e não vejo _____ problema, pois tenho _____

dinheiro no banco. Acho que só preciso de _____ palavras de encorajamento.

Amanhã mesmo vou pedir _____ conselhos ao meu professor de português.

C. **O Nordeste brasileiro.** Escreva frases sobre o Nordeste usando palavras indefinidas.

1. Em Fortaleza há *várias* praias lindas.

2. _____

3. _____

4. _____

5. _____

6. _____

7. _____

8. _____

9. _____

IX. OXALÁ RECANTO DA BAHIA: NO RESTAURANTE

A. **Agora eu sei!** Complete as frases.

1. Lugar para comer lanches ligeiros e comidas leves _____

2. Croquete de camarão é um _____

3. Lugar onde se come o que quiser e quantas vezes quiser, pagando um só preço _____

4. Uma bebida não alcoólica é _____

5. Antes do prato principal pode-se pedir _____

   _____

6. O prato no qual o restaurante se especializa: _____

   _____

7. Hoje o restaurante tem, por um preço especial, _____

8. Um acompanhamento ou guarnição: _____

B. **Vamos comer fora?** Complete o diálogo.

Esposa   — Ah, benzinho, hoje eu estou cansada e aborrecida. Vamos jantar fora?

Marido   — _____

Esposa   — Vamos ao Restaurante Frutos do Mar? A comida lá é muito boa e o ambiente
              é gostoso.

Marido   — _____

Esposa   — Tem peixe de toda qualidade! Tem camarão, lagosta, caranguejo! Ouvi dizer
              que o bacalhau ao forno de lá é excelente. O que é que você acha?

Marido   — _____

Esposa   — Então você prefere ir a uma churrascaria rodízio? 'Tá bem! A gente pode ir
              ao Frutos do Mar na outra semana.

Marido   — _____

Garçon   — Boa noite. Tem uma espera de 20 minutos. Hoje é sábado e a casa está
              cheia. Por que o senhor e a sua esposa não vão ao bar tomar um coquetel
              enquanto esperam?

Marido   — _____

Esposa   — Boa idéia! Estava mesmo com vontade de tomar uma caipirinha. Abre o
              apetite, não é?

D. **Um jantar muito especial**. Escreva uma pequena redação sobre um jantar especial. Com
quem você foi? Quando? Onde? O que conversaram durante o jantar? O serviço foi bom? A
comida estava boa? Havia música? O que vocês comeram e beberam?

_____

_____

_____

_____

_____

_____

_____

_____

_____

_____

C. **Um cardápio.**

Você acaba de ser contratado para preparar o cardápio do novo restaurante do seu tio. Preencha o formulário cuidadosamente. Inclua todas as informações necessárias: nome do restaurante, hora de funcionamento, modo de pagar, etc. Sugestões: *sorvete de abacate, salada de espinafre, café, rosbife, peru assado, vinho, lasanha*, etc.

RESTAURANTE _____

ENTRADAS: PREÇO   GUARNIÇÕES: PREÇO

PRATOS PRINCIPAIS: BEBIDAS:

SOBREMESAS:

SALADAS:

HORAS DE FUNCIONAMENTO _____   MODO DE PAGAR _____

E. **Já provei de muita coisa!** Com as informações ao lado, escreva uma carta aos seus pais sobre os restaurantes onde você comeu durante a sua viagem ao Brasil. Inclua o nome dos restaurantes, o ambiente, o tipo de comida servida, os preços, os seus companheiros de refeição, etc.

Sanduíche Tahiti

Quem estiver com pressa deve almoçar um tahiti, no restaurante Mustang (R. Teixeira de Melo, 21. — Ipanema). O sanduíche vem aberto e leva frango, banana frita. queijo e salada. Cz$ 400.

Caldeirada à portuguesa

Chame a namorada e almoce no Ariston (R. Santa Clara, 18/A e B — Copacabana). Peça uma caldeirada (mexilhão, peixe, camarão, lula e polvinho. Com arroz dá para dois e custa Cz$ 800.

Churrasco Misto

Prove o churrasco misto do restaurante Pizza Shop (R. Ataulfo de Paiva. 375 — Leblon). Vem carne. lingüiça. cebola, farofa. arroz e molho à campanha. Custa só Cz$ 480. Aproveite a opção.

Prato executivo

Vá ao restaurante Barbas (R. Álvaro Ramos. 408 — Botafogo) e escolha o prato executivo: cinco opções de carne, mais salada de batata ou arroz à grega, arroz. feijão e farofa ou nhoque. Cz$ 300.

Quanto custa comer fora em vários pontinhos do mundo?

Os americanos gastam 6% de sua renda disponível comendo fora de casa. Mas, no mundo todo, quem mais gasta dinheiro com esse tipo de programa, é o povo de Chipre: 13,6 % do salário. Veja, agora, quanto gastam em outros países:

- Grã-Bretanha: 12 %
- Áustria: 11 %
- Itália: 8,4 %
- França: 7,1 %
- Grécia: 6,3 %
- Canadá: 6,1 %
- Suécia: 3 %
- Brasil: 2 %
- Irlanda: 1,4 %
- Índia: 1,3 %

Essa pesquisa foi divulgada pelo Departamento de Agricultura dos Estados Unidos.

Data: _____

Queridos pais:

_____
_____
_____
_____
_____
_____
_____
_____
_____
_____
_____
_____
_____
_____
_____
_____
_____
_____
_____
_____
_____

F. **O segredo Plim-Plim**. Depois de ler a dieta abaixo, responda às perguntas.

O regime das 500 calorias, publicado em primeira mão por	*O segredo Plim-Plim*	Semanário, pode fazer você perder até 5 quilos em uma semana.
SEGUNDA-FEIRA		**Café da manhã:** Café, chá, biscoito cream cracker com queijo ricota ou requeijão **Almoço:** Canja e um omelete **Lanche:** Chá, café com cream cracker com patê de carne ou de presunto **Jantar:** Peixe ou camarão com chuchu
TERÇA-FEIRA		**Café da manhã:** Igual ao de segunda-feira. **Almoço:** Sopa de legumes, salada de vagem ou carne assada na chapa **Lanche:** Igual ao de segunda-feira **Jantar:** Bife ou almôndegas com brócolis, vagem, folhagem ou legumes.
QUARTA-FEIRA		**Café da manhã:** Igual ao de segunda-feira **Almoço:** Sopa ou uma salada feita com pepinos, tomate, palmito, alface e ervilhas **Lanche:** Misto-quente: com pão preto, presunto e queijo **Jantar:** Frango com quiabo ou palmito
QUINTA-FEIRA		**Café de manhã:** Igual ao de segunda-feira **Almoço:** Salada de carne assada ou sopa. Pode ser também - ½ salada e ½ sopa, ou ainda, um bife na chapa com cebolas **Lanche:** Um biscoito cream cracker com queijo, ricota ou requeijão **Jantar:** Salsichão com molho, legumes, couve-flor ou berinjela
SEXTA-FEIRA		**Café de manhã:** Igual ao de segunda-feira **Almoço:** Omelete e sopa, ou fritada, ou dois ovos cozidos ou poché **Lanche:** ½ fatia de pão preto com paté de ricota **Jantar:** Churrasquinho ou bife.
SÁBADO		**Café de manhã:** Igual ao de segunda-feira **Almoço:** Salada de peito de peru desfiado e sopa **Lanche:** Um biscoito cream cracker com queijo **Jantar:** Frango ao creme
DOMINGO		**Café de manhã:** Igual ao de segunda-feria **Almoço:** Salada de melão com presunto e queijo ou omelete e sopa **Lanche:** Um biscoito cream cracker com queijo **Jantar:** Carne assada com cenoura.

queijo ricota = cottage cheese;
requeijão = cream cheese
canja = chicken soup
chuchu = chayote squash

vagem = green beans
assada na chapa = braised beef
almôndegas = meat balls

pepino = cucumber
palmito = heart of palms
ervilhas = peas
misto-quente = ham and cheese sandwich
quiabo = okra

salsichão = sausage; molho = sauce
couve-flor = cauliflower
beringela = eggplant

poché = poached
churrasquino, bife = small steak

peito de peru desfiado = breast of turkey
frango = chicken

melão = melon
carne assada = roast beef
cenoura = carrot

1. O que se pode comer e beber no café da manhã? _____

_____

2. Com essa dieta, quantos quilos se pode perder por semana?

_____

3. De quantas calorias é esse regime? _____

_____

4. Quantas refeições se faz por dia? _____

_____

5. O que se come no jantar de domingo? _____

_____

6. Que refeição, no cardápio, é a mesma para todos os dias? _____

_____

7. Quando se come um misto-quente com pão preto, presunto e

queijo? _____

8. Como é o almoço da quinta-feira? _____

_____

9. O que acompanha o frango da quarta-feira? _____

_____

10. Que tipo de salada se come no sábado? _____

_____

Parte II

I. PRONOMES REFLEXIVOS

A. **Conversinhas ligeiras.** Complete as conversinhas abaixo usando verbos reflexivos.

1.

— Com que idade você pensa se casar?

— _____

— E quando você vai se formar?

— _____

2.

— Como você se sente hoje?

— _____

— Claro que eu me preocupo com você. Você está se alimentando melhor?

— _____

3.

— Você se aborrece comigo?

— _____

— Eu sabia que você não ia se zangar por um motivo tão bobo. Você quer se encontrar

comigo mais tarde?

— _____

4.

— Por que você não veio para o meu aniversário? Você se esqueceu?

— _____

— Então você se enganou da data? Como é que alguém não se lembra do aniversário da

sua melhor amiga? Não posso entender!

— _____

5.

— Olha, nós vamos nos atrasar. Você já se vestiu e já se calçou?

— _____

— Ainda bem! Agora só falta você se olhar no espelho! Certo?

— _____

B. **Coisas de família.** Complete o texto com os pronomes reflexivos.

Hoje eu _me_ acordei e _____ levantei da cama muito cedo. Eu

_____ banhei e _____ vesti. Antes de começar a

_____ preparar para o exame final de português eu _____

lembrei que devia telefonar para a mamãe. Ela _____ preocupa muito comigo e

o papai _____ sente tão nervoso quando não dou notícias. Eu sei que a

mamãe vai _____ queixar porque eu _____ esqueci de enviar

um cartão de aniversário para o Tio Juca. Eu não posso _____ esquecer que o

meu primo Roberto vai _____ casar no próximo sábado. Toda a família vai

_____ reunir mas eu não vou poder ir por causa dos meus exames. Graças a

Deus eu _____ dou muito bem com a minha família e nós _____

amamos muito. A minha irmã vai _____ alegrar muito com a notícia de que eu

vou _____ mudar para uma casa grande com piscina e jacuzzi. Quando ela vier

passar as férias comigo ela vai _____ divertir bastante.

II. AUTO-ESCOLA

A. **Meu dicionário.** Combine a coluna A com as definições da coluna B.

A	B
1. ( ) multa	a. lugar onde se compra ou se aluga carros
2. ( ) oficina	b. luz verde, amarela, vermelha
3. ( ) locadora	c. as quatro rodas do carro
4. ( ) atropelar	d. o que se recebe quando se comete uma infração de trânsito

5. ( ) sinal de trânsito   e. lugar onde se conserta o carro

6. ( ) carteira de habilitação   f. vidro na frente do carro

7. ( ) zero-quilômetro   g. serve para se guardar os documentos do carro

8. ( ) pegar carona   h. quando se bate no pedestre com o carro

9. ( ) pára-brisa   i. quando o carro pára e não anda mais

10. ( ) porta-luvas   j. documento que permite alguém dirigir

11. ( ) pneus   l. quando se vai no carro de alguém

12. ( ) estar no prego   m. carro novo, nunca usado

B. **Qual é o verbo?** Procure relacionar o verbo com o lugar, o objeto ou a pessoa indicados e construa frases. Os verbos: *atravessar, verificar, encher, consertar, dirigir, ultrapassar, multar, atropelar, comprar, alugar.*

1. pedestre (atravessar) *O pedestre atravessa a rua.*

2. oficina _____

3. caminhão _____

4. motorista _____

5. policial _____

6. posto de gasolina _____

7. tanque de gasolina _____

8. óleo _____

9. homem _____

10. locadora _____

C. **O meu carro**. Imagine que você é o seu carro. Escreva um parágrafo sobre você. Diga como você é, para onde você vai com o seu dono, etc.

Eu sou um carro ... _____

_____

_____

_____

_____

_____

_____

_____

_____

_____

_____

_____

D. **Um anúncio!** Leia os anúncios de venda de carros. Você pretende vender o seu carro e vai colocar um anúncio nos classificados do jornal. Use os anúncios abaixo como modelo.

PASSAT 84 LS — 3 portas, c/ ar, rádio AM/ FM, vermelho. Único dono. Troco e financio em até 12 meses. Fixos ou pós-fixados, c/ garantia. Aceitamos Carta de Crédito. R. Mariz e Barros, 554 — TROIA, 228-8770.

OPALA COMODORO 1983 — 4 ptas ar e direção de fábr. estado 0 km. Troco e fin. RA-RUS AUT. Barata Ribeiro, 35. 541-8399.

MONZA SLE 2.0 88 0 KM — Vários modelos todas as cores c/ar e todos opcionais, elétricos. Ótimo preço. Pronta entrega. Vdo/troco/fin. Tel.: 286-0439/286-4841/266-3542. CA-DILLAC.

PICK UP FORD F 1000 — Diesel, mod. 85, super série, faturada dez. 84. direção hidráulica, cabine simples, 2 cores, muitíssimo bem conservada.Utilizada somente passeio. Vendo a vista 900 mil. Fone 551-9237 hor comercial.

E. **Alugando um carro.** Leia os anúncios sobre aluguel de carros e escreva um diálogo com o funcionário da locadora que você escolheu.

Funcionário	— Pois não! Às suas ordens.
Você	— _____
Funcionário	— _____
Você	— _____
Funcionário	— _____
Você	— _____
Funcionário	— _____
Você	— _____
Funcionário	— _____
Você	— _____
Funcionário	— _____
Você	— _____
Funcionário	— _____

F. **"Deixou a mulher e filhos no Brasil. Foi visto em Miami com um Cadillac do ano"**

Deixou mulher e filhos no Brasil. Foi visto em Miami com um Cadillac do ano.

Numa bela tarde de verão, um jovem executivo está trancado no seu escritório perdido em seus pensamentos. De repente, pega o telefone e liga para a Avis do Brasil pedindo a reserva do aluguel de um carro para o dia 5 em Miami. Do outro lado do telefone, uma voz informa que, no estado da Flórida, a Avis tem mais de mil carros disponíveis. São 80 marcas e modelos atuais entre carros de luxo, carros econômicos e peruas. Todos automáticos, com ar condicionado e rádio.

Apressadamente, o jovem escolhe um carro e desliga o telefone após ouvir que, devido ao avançado sistema computadorizado da Avis, sua reserva já está feita.

Na noite do dia 4, o jovem despede-se de sua mulher e filhos e, sem olhar para trás, embarca para Miami.

Na manhã do dia 5, ele desembarca em Miami e logo se dirige ao balcão da Avis. Confirmadas as Tarifas Super-Econômicas, um rapaz gentil acompanha-o até o carro da marca escolhida no Brasil: um Cadillac. Com mapas e guias, o carro também já vinha com tanque cheio, mas ele só teria de pagar pela gasolina consumida.

Sem mais, o jovem parte com um sorriso no rosto, sabendo que, qualquer problema, pode contar com o serviço de atendimento da Avis durante as 24 horas do dia.

Na manhã do dia 14, mulher e filhos esperam ansiosos por sua volta. Sem atrasos, chega todo feliz contando maravilhas de sua viagem.

Você acabou de ler a história do jovem executivo que foi para Miami, alugou um carro da Avis e voltou feliz. Uma história que não dá nó na garganta, não tem drama e mistério nenhum.

Tarifas Super-Econômicas
a partir de:

Flórida .... US$ ⁻4⁎

Tels.: São Paulo - 258-8833
Toll-Free (interurbano gratuito)
(011) 800-8⁻8⁻ / 80⁻2
Rio de Janeiro - 542-4249 / 4349
TELEX: (021) 23⁻⁻9 LOKA - BR

Tarifa semanal vigente até 31.03.8⁻.
Haverá um aumento de US$ 20, por
semana, na alta temporada: 20.12.86
a 05.01.8⁻ e 10.02.8⁻ a 31.03.8⁻.
⁎ Preço referente ao Chevrolet Chevette.

AVIS DESTACA
OS CARROS DA
GENERAL MOTORS.

SOMOS OS MELHORES
PORQUE
NOS ESFORÇAMOS MAIS.

1986 Avis Rent a Car System, Inc. Avis⁎

1. Qual a profissão do jovem? _____

2. Em que época do ano se passa a historinha da Avis? _____

   _____

3. Quando ele vai para Miami? _____

   _____

4. Complete: Ele pega o telefone e _____ pedindo a reserva

   _____.

5. Que informação ele recebe da Avis? _____

   _____

6. Complete: a) carros de _____; b) carros _____;

   c) _____.

7. Como o jovem conseguiu reservar um carro tão rapidamente? _____

   _____

8. O que ele faz na noite do dia 4? _____

   _____

9. O que ele fez na manhã do dia 5? _____

   _____

10. Como ele recebeu o Cadillac? _____

    _____

11. Por que o jovem partiu com um sorriso no rosto? _____

    _____

12. Quantos dias ele passou em Miami? _____

    _____

13. De acordo com a Avis, a historinha que você leu não dá nó na garganta (*lump in the throat*), não tem drama, nem mistério. Vamos modificar a história para dar nó na garganta e um pouco de drama e mistério a quem a leia. Escreva outro fim para a história.

Na manhã do dia 14...(Continue) _____

_____

_____

_____

_____

_____

_____

_____

_____

G. **"Alguns cuidados para dirigir corretamente e com mais segurança"**

Alguns cuidados para dirigir corretamente e com mais segurança.

1. Procure sentar corretamente. A posição das mãos no volante, dos pés nos pedais e o modo de sentar permitem que você sinta todas as vibrações e reações do veículo, especialmente se você ficar numa posição confortável e descontraída.

2. Verifique sempre a posição dos espelhos retrovisores. Eles são uma extensão do seu campo visual. Principalmente quando você não utiliza sempre o mesmo veículo.

3. Avalie sempre o comportamento dos demais veículos que estiverem dentro do seu campo visual. Mantendo-se atento, você estará pronto para evitar uma situação inesperada que outro veículo pode provocar. Você sabe o que fazer em determinadas situações, mas não sabe como os outros podem reagir.

4. Não dê chances ao imprevisível, como por exemplo tentar ultrapassagens em trechos proibidos.

Observação: Nunca é demais lembrar - use seu cinto de segurança.

Parte integrante das revistas Veja (n.º 706), Quatro Rodas (n.º 260)

Pergunte ao Shell Responde.
Ele esclarecerá suas dúvidas de como obter melhor rendimento de você e de seu carro, em diferentes situações.
Escreva para a Caixa Postal n.º 62053
Rio de Janeiro, RJ - CEP 22250.

Guarde seu exemplar do Shell Responde e comece sua coleção. Você encontrará nele sugestões úteis e práticas.

1. Como você se senta corretamente num carro? _____

_____

2. Por que é importante sentar-se corretamente? _____

_____

3. O que são os espelhos retrovisores? _____

_____

4. O motorista está na defensiva quando ele avalia o comportamento dos demais veículos. Por que é importante dirigir defensivamente?

_____

_____

_____

_____

_____

5. De que maneira você dá chances ao imprevisível? _____

_____

III. AÇÕES RECÍPROCAS.

A. **Uma família que se entende!** Nós somos uma família unida e sem grandes problemas porque... Complete as frases abaixo: *respeitar, obedecer, entender, compreender, adorar, querer.*

1. *Nós nos amamos.*

2. _____

3. _____

4. _____

5. _____

6. _____

B. **Feitos um para o outro**. Romeu e Julieta foram feitos um para o outro porque...

1. *Eles se* _____

2. _____

3. _____

4. _____

5. _____

6. _____

IV. CARTEIRA DE HABILITAÇÃO

Vamos fazer um teste relâmpago? Responda marcando com um X. Confira a resposta correta que está de cabeça para baixo.

1. A Carteira Nacional de Habilitação

☐ A. não é permanente, dependendo de cada cidade.

☐ B. difere de Estado a Estado.

☐ C. é permanente e de modelo uniforme no país.

2. Uma das medidas para evitar acidentes em cruzamentos é

☐ A. reduzir a velocidade.

☐ B. parar abruptamente.

☐ C. aumentar a velocidade

3. O motorista que for encontrado dirigindo sob o efeito de substância tóxica

☐ A. será multado e terá o veículo apreendido.

☐ B. terá a Carteira de Habilitatção apreendida por tempo indeterminado.

☐ C. será multado, terá o veículo apreendido e a Carteira de Habilitação apreendida pelo período de 1 a 12 meses.

4. Fazer rodízio periódico, fazer alinhamento e balanceamento das rodas e manter a pressão correta é prática que

☐ A. aumenta a segurança do veículo.

☐ B. aumenta a segurança e é prática obrigatória.

☐ C. aumenta a segurança e prolonga a vida dos pneus.

5. A multa será aplicada em dobro

☐ A. quando a infração for cometida duas vezes.

☐ B. quando houver reincidência na mesma infração dentro do prazo de um ano.

☐ C. quando houver reincidência na mesma infração.

6. O motorista que estiver com a Carteira apreendida e for encontrado dirigindo

☐ A. terá a carteira cassada.

☐ B. será preso.

☐ C. receberá multa.

7. A finalidade e a importância do velocímetro é

☐ A. indicar a velocidade obrigatória.

☐ B. indicar ao motorista a velocidade máxima.

☐ C. indicar ao motorista a velocidade que está desenvolvendo.

8. O motorista que mudar sua residência para outro município

☐ A. Deve registrar sua Carteira no novo município dentro de 30 dias.

☐ B. Deve registrar sua Carteira no novo município dentro de 10 dias.

☐ C. Deve registrar sua Carteira no novo município dentro de 6 meses.

V. RECIFE E OLINDA

A riqueza de Pernambuco, no início da colonização do Brasil, fez de Recife um dos principais centros econômicos da região, atraindo a atenção de países que, como a Holanda e a França, tentaram várias vezes conquistá-la. A primeira providência dos colonizadores portugueses foi construir três fortes para a defesa da cidade: o Forte do Mar, o Forte de São Jorge e o Forte de Bom Jesus. Os franceses atacaram sem sucesso em 1561 mas os ingleses saquearam a cidade em 1595. No século XVII os holandeses, com uma frota armada e milhares de homens, tomaram a cidade e a dominaram por 24 anos. Foi um período de grande progresso para a cidade. O governador Conde Maurício de Nassau, construiu palácios, pontes e jardins e tratou os vencidos com respeito. Os seus sucessores, contudo, recomeçaram as injustiças, o que provocou a sua expulsão pelos brasileiros.

Olinda foi a primeira capital de Pernambuco, construída numa colina à beira-mar. Hoje Olinda e Recife formam quase que uma só cidade, mas no período colonial não estavam tão próximas. Olinda é talvez a *matriz* de toda a civilização portuguesa no Brasil. Fundada em 1537, tornou-se o centro intelectual do Nordeste, com a criação do Colégio dos Jesuítas e do convento dos Franciscanos onde os frades também se dedicavam à educação. É uma cidade de belos sobrados coloniais, com fachadas de azulejo e janelas de *treliça*. Desde o século XVI Olinda era a terra dos nobres e dos aristocratas do açúcar. Mas com a invasão dos holandeses, muito da cidade foi destruído e em guerras posteriores do século XVIII, Olinda foi sendo esquecida. A pesar disso, em 1827 foi fundada ali a primeira escola de direito do Brasil.

matriz matrix   **treliça** truss

1. Por que Recife atraiu franceses e holandeses? _____

_____

2. O que os portugueses fizeram para defender Recife? _____

_____

3. Os holandeses conquistaram Recife? _____

_____

4. Como foi a administração dos holandeses?_____

_____

5. Onde Olinda está localizada? _____

_____

6. Por que Olinda talvez seja a matriz da civilização portuguesa no Brasil?

_____

7. Como é a cidade? _____

_____

8. Olinda é hoje como foi no século XVII? _____

_____

VI. PALAVRAS PROPAROXÍTONAS

A. Acentue as palavras proparoxítonas.

1. confortavel	6. magoa
2. onus	7. ciencia
3. torax	8. açucar
4. Brasilia	9. policia
5. ferias	10. automovel

B. Acentue as palavras paroxítonas e proparoxítonas quando for necessário.

Alf estreia nesse sabado

A vida de uma tipica familia americana, num suburbio de Hollywood muda de subito quando uma nave espacial, transportando uma divertida e agradavel criatura do planeta Melmac, cai na garagem da casa. Ele é Alf, que depois do susto do inicio da sua chegada, conquista o coração da familia Tanner. *Alf* é uma serie criada por Tom Patchett, o mesmo autor da serie *Muppet Show*, programa de grande audiencia da T.V. americana. Alf é um pouco mal-educado mas de bom coração. Ele é teimoso mas impagavel e diverte o publico infantil e adulto. A preocupação da familia Tanner é esconder de todos a presença desse extraterrestre gozadissimo. A tarefa não é facil e eles tentam disfarçar Alf num exotico cachorro que gosta de comer aluminio e de participar nas atividades da familia. Os autores planejam fazer de Alf uma serie de desenhos animados em que ele, um boneco eletronico, narra em cada episodio as suas estrepolias e memorias. A figura de Alf nos desenhos animados continuará com as mesmas caracteristicas que o tornaram popular e que lhe trouxeram tanto exito.

VII. CONHEÇA O NORDESTE POR TERRA

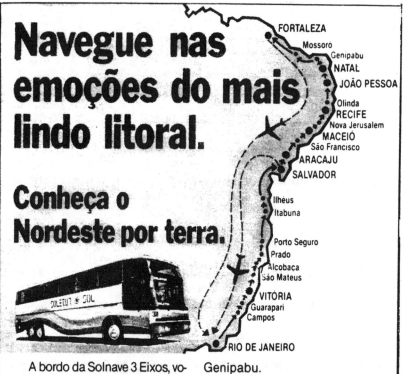

A. **Responda às perguntas.**

   1. De acordo com o anúncio, que tipo de transporte se pode usar para conhecer o Nordeste por terra? _____

   _____

   2. Como e para onde se pode regressar? _____

   _____

   3. Dê 5 capitais nordestinas incluídas no seu roteiro. _____

   _____

   4. O Rio de Janeiro é conhecido como "A Cidade Maravilhosa". De acordo com o anúncio, como são conhecidas as cidades de:

      a. Salvador _____

      b. Recife _____

      c. Fortaleza _____

      d. Maceió _____

   5. Além de proporcionar banhos de mar nas belas praias, o que mais essa viagem oferece?

   _____

B. **Falando do Nordeste.** Escreva suas opiniões sobre o Nordeste, baseado no que viu, ouviu e leu durante esta unidade.

   1. Você gostaria de viver no Nordeste? _____

   _____

   _____

   _____

   _____

   2. Imagine que você vai morar no Nordeste. Onde gostaria de morar?

   _____

   _____

   _____

3. O que você vai comer e beber? _____

_____

_____

4. Como você vai se divertir? _____

_____

_____

_____

5. Que problemas você pode ter morando no Nordeste? _____

_____

_____

_____

6. Que aspecto da cultura do Nordeste você vai gostar de ver?

_____

_____

_____

7. Você vai dormir numa rede? _____

_____

8. Que instrumentos musicais do Nordeste você vai gostar de ouvir?

_____

_____

_____

9. O que você vai fazer no tempo da seca? _____

_____

_____

UNIDADE 9

O SUDESTE DO BRASIL

Parte I

I. APRESENTAÇÃO.

Escreva sobre o Sudeste brasileiro usando o seguinte vocabulário: *pólo, desenvolvido, população, habitantes, parque industrial, capital, celeiro, solo, hidrelétrico, dinamismo, cultura, império, carioca, dinamismo, café, ferro, bandeirantes.*

_____

_____

_____

_____

_____

_____

_____

_____

_____

_____

_____

_____

_____

_____

_____

_____

_____

II. FESTA DE ANIVERSÁRIO

A. **Agora eu já sei!**

1. Você cumprimenta um aniversariante dizendo: _____

2. Você geralmente dá _____

3. O bolo de aniversário tem _____

4. Geralmente se serve numa festa de aniversário: _____

5. Você pode enviar ao aniversariante, pelo correio: _____

6. As pessoas que vão para a festa de aniversário são _____

B. **O meu último aniversário.** Escreva uma redação descrevendo o seu último aniversário. Diga como você se sentiu, quem foi cumprimentá-lo, onde foi celebrado, os presentes que você recebeu, etc.

_____

_____

_____

_____

_____

_____

_____

_____

_____

_____

_____

_____

_____

_____

_____

_____

_____

C. Festas infantis.

FESTAS INFANTIS

Seus filhos vão adorar

★ Seus filhos vão adorar uma festinha animada por mágico, palhaço e teatro de fantoche. Para combinar, ligue para Beatriz. Tel: 228-9614, em São Paulo.

★ Seus filhos já me viram fazendo mágicas no *Bambalalão*. Posso animar a festinha deles. Procure por Gran-Leo. Tel: 287-5737, São Paulo.

★ Você quer fazer uma festa de 15 anos inesquecível para sua filha? Esta é a minha especialidade. Além do cerimonial perfeito, um bufê inesquecível. Também organizo casamento, coquetéis e aniversários infantis. Para informações, fale com Nalva. Tel: 261-2532 e 392-0828, no Rio de Janeiro.

★ Alegro a festa de aniversário das crianças, com nosso mágico ou palhaço. E, para alegrar você também, facilito pagamento. Meu nome é Vanessa e o tel: 277-0437, em São Paulo.

★ Seja convidada na sua festa e deixe os doces e salgados por conta da Tia Esther. Tel: 270-9322, São Paulo.

★ Adoro crianças, adoro festas e por isso vivo um palhaço brincalhão. Procure por Neyde. Tel: 278-5737, São Paulo.

1. Que tipo de festa infantil a Beatriz oferece? _____

    _____

2. Qual a profissão de Gran Leo? _____

    _____

3. Descreva como Nalva organiza uma festa de 15 anos. _____

    _____

    _____

4. A Vanessa alegra as festas de aniversário de crianças com

    a. _____

    b. _____

5. O que você pode deixar por conta da Tia Esther? _____

    _____

6. Dos seis anúncios de festas de aniversário, qual é o melhor e por quê?

    _____

    _____

III. "SE" INDEFINIDO

A. **Definições.** Defina as palavras abaixo usando o *se* como sujeito indefinido.

    1. cinema   *Lugar onde se vê filmes.*

    2. sapataria   *Loja onde se compra sapatos.*

    3. estádio   _____

    4. universidade   _____

    5. máquina de lavar roupa   _____

    6. restaurante   _____

    7. hotel   _____

    8. locadora de carro   _____

    9. piscina   _____

    10. hospital   _____

    11. igreja   _____

    12. oficina de carros   _____

B. **Anúncios de jornal.** Faça a primeira frase de um anúncio de jornal usando os verbos abaixo seguidos do *se* indeterminado.

    1. publicar   *Publicam-se livros de ficção científica.*

    2. trocar   _____

    3. empregar   _____

    4. procurar   _____

    5. alugar   _____

    6. oferecer   _____

    7. comprar   _____

    8. emprestar   _____

9. exterminar   _____

10. pintar   _____

11. lavar   _____

12. limpar   _____

IV. SÃO PAULO

A. O Estado de São Paulo. Leia as informações no mapa de São Paulo e responda às perguntas.

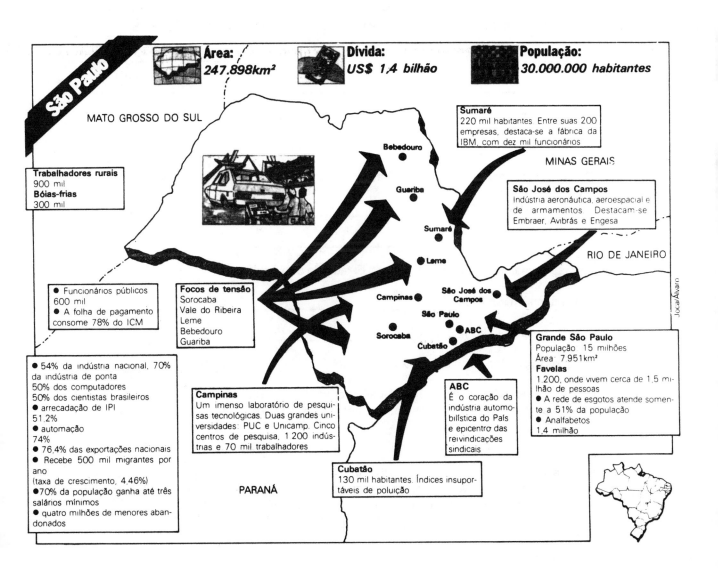

1. Qual é a área de São Paulo? Escreva a resposta usando números por extenso (written out).

   _____

2. De acordo com o censo de 1987, qual é a população do Estado de São Paulo? Escreva a

   resposta em número e por extenso. _____

3. Que Estados fazem fronteira com São Paulo? _____

   _____

4. O que há em Campinas? _____

   _____

5. O ABC é uma área de três cidades da grande São Paulo. ABC se refere à inicial dos seus
   nomes: Santo André, São Bernardo e São Caetano. Por que o ABC é importante?

   _____

   _____

6. Em que cidade o índice de poluição é insuportável? Qual a população desta cidade?

   _____

7. Qual é a população da Grande São Paulo? Qual é a porcentagem desta população em

   relação à do Estado de São Paulo? _____

   _____

8. Qual a porcentagem de contribuição do Estado de São Paulo:

   a. na indústria nacional? _____

   b. nas exportações nacionais? _____

9. Quantos migrantes São Paulo recebe por ano? _____

10. Os chamados "bóias-frias" são os trabalhadores da zona rural que levam sua comida (bóia)
    para o trabalho, por residirem em outras áreas. Quantos bóias-frias há em São Paulo?

    _____

11. Redação: Trabalho de pesquisa. Use as informações da leitura "São Paulo não pode parar"
    e as do mapa de São Paulo e escreva uma redação sobre um aspecto de São Paulo de sua
    escolha. Organize os dados que escolheu, faça uma análise deles e tire as suas próprias
    conclusões. Crie um um título sugestivo para a sua redação.

B. **"No centro de São Paulo: Silêncio, arte e muita paz"**

No centro de São Paulo:
silêncio, arte e muita paz.

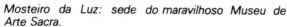

Mosteiro da Luz: sede do maravilhoso Museu de Arte Sacra.

Nas capitais do norte do Brasil, como Belém ou São Luís do Maranhão, ainda hoje é possível encontrar imagens sacras do Brasil colonial, autênticas, por preços que transformam uma viagem àquelas cidades em lucrativo empreendimento (se comparados com os altíssimos preços que essas pequenas imagens alcançam, em cidades como Rio e São Paulo).

Mas, exatamente devido ao aumento da procura, mesmo nessas cidades do norte existem muitas falsificações, que desorientam o comprador e resultam em grandes decepções, na hora da avaliação ou da venda. Para fázer frente a esse comércio ilegítimo, o comprador precisa, antes de tudo, aprender a distinguir o falso do autêntico.

Em termos de imagens barrocas, o melhor aprendizado possível é uma convivência com as obras verdadeiras, para aprender a distinguir os detalhes de desenho, escultura e pintura, que identificam a obra autêntica. Mas, em cidades como Rio e São Paulo, parece difícil conseguir um acesso fácil a uma ampla e variada coleção de autênticas imagens coloniais.

Isso acontece, muitas vezes, simplesmente porque o carioca ou o paulistano ignoram o que têm. Turistas vêm de longe para conhecer atrações e museus que os próprios habitantes nunca visitam. Nesse sentido, por exemplo, São Paulo conta com uma das mais preciosas coleções de imagens coloniais em todo o Brasil, alojada no cenário perfeito do Museu de Arte Sacra, no Convento de Nossa Senhora da Luz, na avenida Tiradentes.

Ao lado da Pinacoteca do Estado (o que facilita uma visita conjunta aos dois preciosos museus), o Convento da Luz foi construído em 1774, por frei Antonio Sant'Ana. Abriga desde 1970 o Museu de Arte Sacra, com 17 salas e galerias, onde estão expostos os trabalhos de ourives e artesãos da capital paulista e do interior. A maioria das imagens foi recolhida no início deste século, quando o progresso acelerado inaugurava cidades e prédios à custa da demolição de velhas igrejas.

Além da perfeita orientação para futuros compradores de imagens, em viagens a outras cidades, esta coleção inclui móveis e luminárias, instalados no cenário da época, significando um verdadeiro mergulho na paz e tranqüilidade daquele período de nossa História. Mesmo que seu objetivo não seja colecionar imagens barrocas, uma visita ao Museu significa, em São Paulo, uma preciosa pausa no ritmo alucinante da cidade, para momentos de arte e recolhimento espiritual.

1. Segundo o texto, o que ainda se pode encontrar no Norte do Brasil em termos de arte?

_____

_____

2. Os preços destes objetos compensam uma viagem ao Norte? _____

_____

_____

3. ''Lucro'' significa aquilo que se ganha na venda de alguma coisa. ''Um lucrativo empreendimento'' quer dizer:
   a. empreendimento que não dá muito lucro.
   b. empreendimento que dá bom lucro.
   c. empreendimento que não dá lucro.

4. ''Aumento da procura'' quer dizer que _____

_____

5. O que o aumento da procura por estes objetos de arte causou? _____

_____

6. Diante do comércio ilegítimo, o que o comprador deve fazer? _____

_____

7. O que você aprende, convivendo com as imagens barrocas? _____

_____

8. Defina a expressão ''aprendizado''. _____

_____

9. Os cariocas, os paulistas e os turistas sebem que existem autênticas imagens coloniais em

São Paulo e Rio? _____

_____

10. Quando o Convento da Luz foi construído? Escreva a resposta em número e por extenso.

_____

11. Que trabalhos estão expostos no Museu de Arte Sacra e quando foram recolhidos?

_____

_____

12. O que é um ourives? _____

_____

13. O que é um artesão? _____

_____

14. O que a coleção do Convento da Luz também inclui? _____

_____

15. Qual é o ambiente do Museu de Arte Sacra do Convento da Luz? _____

_____

_____

_____

_____

V. "SAMPA"

A. Escreva sobre o primeiro contato de Caetano Veloso com São Paulo. Use a primeira pessoa.

Quando eu cheguei em São Paulo (continue) _____

_____

_____

_____

_____

_____

_____

_____

_____

_____

_____

_____

_____

_____

_____

_____

B. Entrevista com Caetano Veloso.

DE ÍDOLO PARA ÍDOLO

CAETANO, algumas pessoas têm estranhado essa sua nova fase, sua nova música. Como é que tem sido pra você exercitar esse seu lado que estava adormecido? (Glória Pires, atriz)

R — Eu, pessoalmente, não vejo muita diferença. Agora, as pessoas estranham porque, embora eu tivesse algumas idéias, alguns temas novos, eles não tinham aparecido muito ultimamente. Mas houve, para mim, uma reaparição natural, de acordo com o tempo, comigo, com o mundo e com a música.

Todo mundo sabe que o leonino, no Zodíaco, é o todo-poderoso. É muito difícil, além de ser leonino, ser um gênio como você? (Zezé Motta, atriz)

R — Ser um leonino, às vezes é difícil, às vezes é fácil. Não concordo que eu seja um gênio. Eu sou engraçadinho, é diferente.

Topas fazer uma novela? (Glória Perez, autora de novelas, poetisa)

R — É uma proposta. Eu nunca escrevi ficção, mas acho novela uma coisa fascinante. Se eu tivesse tempo até consideraria essa proposta. Agora, se você está perguntando com outra intenção... Bem aí, ia depender muito do enredo.

Quando você fez Sampa já tinha a impressão de que esta música se tornaria quase um hino da cidade de São Paulo? (Flávio Galvão, ator)

R — Quando eu fiz *Sampa* foi como uma encomenda especial, um depoimento sobre a cidade de São Paulo para um determinado programa na TV. Só que tudo que eu faço é em forma de música e aí deu no que deu. Todo mundo gostou tanto, que eu gravei e a música acabou ficando famosíssima.

Quando você compõe tem algum intérprete em mente? (Miguel Falabella, ator)

R — Nem sempre, só às vezes quando é o intérprete que me procura.

Você acha que é possível amar duas pessoas ao mesmo tempo? (Cláudia Richer, jornalista)

R — Acho. Nada é impossível. O problema é que as pessoas estão muito direcionadas para uma só e acham que não tem espaço no coração para outras. Mas eu, pessoalmente, acredito que depende de muita coisa.

Caetano, você tem um lado dramático muito forte. Quando canta, representa, faz mil caras e bocas, brinca muito com isso. E mesmo que elas não tenham muita coerência com a música, a gente sente que você está interpretando. Você nunca pensou em interpretar pra valer, em ser ator? Acho que deve ter talento. (Malu Mader, atriz)

R — Eu me achei um péssimo ator de cinema nas poucas vezes que trabalhei nesse gênero. Mas, no palco, num *show*, sou um ator muito interessante. Quanto às caras e bocas é verdade, não são propriamente coerentes, mas são, como se diz, uma "afirmação da música."

Qual é o "prato" que você mais gosta? (Stênio Garcia, ator)

R — (gargalhada) Ah, aí varia...

Caetano, por que você não compõe uma música em homenagem aos atores? Uma coisa sempre bonita vinda de você. (Ney Latorraca, ator)

R — Genial. Eu gostaria realmente de escrever algo sobre os atores. Está anotada a idéia.

Nos dias atuais, o que você pensa politicamente? (Guilherme Pereira, maquilador)

R — Tá difícil. Varia muito. De todo modo, não gosto muito de me expressar a respeito de política porque as posições são estáveis e frágeis como as minhas opiniões também podem ser. Eu participei ativamente da campanha pelas diretas e pela eleição de Tancredo Neves, e depois de sua morte estou desorientado como todo mundo.

Você tem esperança na Nova República? (Jaqueline Lawrence, atriz)

R — Tenho, apesar de todas as dificuldades e todo o sofrimento que a gente tem passado. Não sei bem porque, pois as perspectivas objetivas não são as melhores, mas por alguma razão, de fundo pessoal, tenho esperança no Brasil.

Caetano, como é o tipo de roupa que você curte? A roupa que você usa normalmente é a mesma que você usa nos shows? Tem aquela superstição de uma cor certa para cada dia da semana? (Monique Evans, manequim)

R — A roupa que uso nos *shows* é a mesma que uso na rua. Quanto à superstição, não tenho, mas tenho uma atenção para o ritual do candomblé que faz com que a gente use branco às sextas-feiras por causa de Oxalá. Acho bonito e, em geral, obedeço.

Depois da falência dos temas políticos e dos temas psicológicos, depois da Tropicália e outros movimentos para o abrasileiramento da arte, do que falaremos agora? Para onde vai a arte? (Neila Tavares, atriz, apresentadora do De Mulher para Mulher, na TV Manchete)

R — Eu não estou capacitado para responder a esta pergunta. Eu gostaria que agora aparecesse alguma coisa realmente de peso, importante, marcante. Que viesse ligada às artes plásticas ou visuais, ou de algum outro lugar assim. Fico torcendo.

Sétimo Céu

Redação: Caetano Veloso, o compositor de "Sampa" e um ídolo na música popular brasileira, foi entrevistado por outros ídolos em diversos campos de atividade. Com base nas respostas dadas por Caetano, faça uma redação sobre ele. Crie um título para a sua redação, como, por exemplo, "Perfil de Caetano".

_____

VI. PRESENTE DO SUBJUNTIVO, VERBOS IRREGULARES

A. **Visita de hospital**. Complete o diálogo usando os verbos no subjuntivo: *querer, ser, haver, ir, saber, dar, estar.*

Isa — Eu sinto que você _____seja_____ tão doente e quero que você

_____ _____saiba_____ que todo mundo lá na escola está rezando

pra você voltar logo.

Marta — Tomara que esta reza _____dê_____ certo. O médico disse que

talvez eu _____vá_____ pra casa na semana que vem.

Isa — É possível que _____vá_____ no sábado. Foi a sua mãe quem

disse. Mas é preciso que você _____queira_____ mesmo ficar boa logo.

Marta — Não se preocupe. _____Haja_____ o que houver eu saio daqui logo,

logo.

B. **Dicas de amigo**. Você se formou da universidade há cinco anos e está muito satisfeito com a sua profissão. Escreva a um amigo dando conselhos sobre o que fazer na procura de um trabalho, o que esperar dessa fase, como se preparar para a entrevista com o empregador, como se comportar no trabalho. Use os verbos no presente do subjuntivo e procure usar os irregulares *ser, estar, ir, dar, querer, saber, haver.*

_____

_____

_____

_____

_____

_____

_____

_____

_____

_____

_____

_____

_____

VII. MINAS GERAIS.

A. O Estado de Minas Gerais

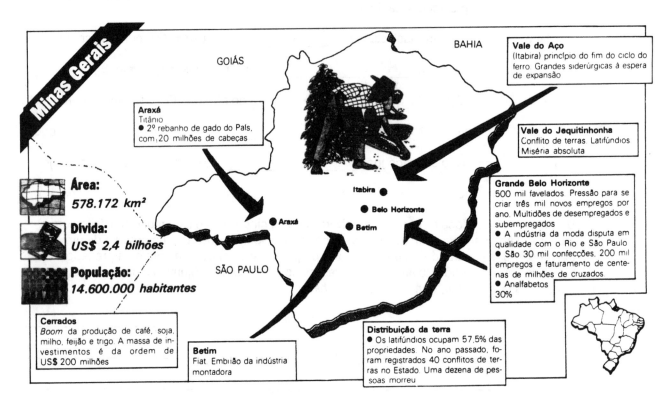

1. Qual é a área de Minas Gerais? Escreva a sua resposta usando números por extenso. ___

_____

2. O cerrado é um terreno com um tipo de vegetação caracterizada por árvores baixas,

retorcidas e espaçadas. O que os cerrados produzem? _____

_____

3. Qual a situação do mercado de trabalho na Grande Belo Horizonte? _____

_____

_____

4. Redação: Trabalho de pesquisa. Com base nas informações do mapa e de outras leituras sobre Minas Gerais, faça uma redação sobre a situação da indústria e agricultura do Estado, do latifúndio e suas conseqüências. Crie um título para a sua redação.

B. Mineiridade

Mineiridade é a qualidade ou condição de ser mineiro. Em outras palavras, é aquilo que faz o mineiro ser o que ele é. No texto abaixo, são colocados de forma poética e nostálgica alguns dos elementos que fazem parte da maneira de ser do mineiro, pela sua terra, sua cultura tradicional e sua gente. Trata-se de um convite ao mineiro para celebrar as festas de fim de ano -- Natal e Ano Novo -- em Minas, e assim marcar um reencontro com o passado e a mineiridade.

Mineiro,
venha passar as festas em casa.

Minas espera você.
Com a comidinha caseira.
Os doces. As quitandas.
Os compridos quintais.
As ladeiras que caminham para o céu.
As noites para as serestas.
As manhãs para as caminhadas sem rumo.
As rodas de truco.
O bate-papo na venda.
A casa da infância.
Os antigos lugares.
As pessoas.
E no ar aquela saudade mineira de não sei o quê.
Força, essência, sentimento e jeito da gente que vive nessas montanhas azuis.
Gente que agora espera rever você, com os braços abertos e o coração em festa.
Venha.

Convite do
Governador Hélio Garcia,
em nome do
povo de Minas Gerais.
GOVERNO HÉLIO GARCIA

caseiro homemade	**quitanda** greengrocery	**quintal** backyard
caminhada stroll	**truco** card game	**bate-papo** chat
venda small grocery store	**ladeira** steeply sloping street	**seresta** serenade

A descrição de Minas Gerais, no texto acima, é organizada em cinco partes:
  a. a comida
  b. ambiente e natureza (quintal, ladeira, noites, manhãs
  c. inter-relação humana (rodas de truco, bate-papo)
  d. nostalgia (casa, lugares, pessoas)
  e. sentimento (saudade e reencontro - Minas espera o mineiro)

Redação: Seguindo a forma e estrutura do texto acima, faça um convite às pessoas de um determinado país, estado, região, ou cidade, para passarem as festas de fim de ano em sua terra. Faça uma seleção dos elementos típicos do lugar e o sentimento do povo em relação a eles. Sugestão para o título: "Venha passar as festas em casa, na sua California"

VIII.   "MINEIRO POR MINEIRO", FERNANDO SABINO

★★★★

O engenheiro montou o *teodolito* e começou a marcar distâncias para aquela nova estrada no interior de Minas. O *matuto* parou e ficou espiando.

— Sabe o que estou fazendo? — perguntou o engenheiro.

— Sei não senhor.

— Sou engenheiro: estou vendo por onde a nova estrada deverá passar.

O outro *ousou* comentar, humilde: — Nós aqui não fazemos assim não senhor.

— Como é que vocês fazem?

— Quando a gente quer abrir um caminho, a gente solta na frente um burro e vai atrás. Por onde o burro passar a gente faz o caminho passar também, que é o lugar mais melhor de bom pra passar.

O engenheiro sorriu, superior: — E se vocês não tiverem um burro?

O mineiro *coçou* a cabeça: — Uai, se a gente não tem um burro, aí a gente usa um engenheiro mesmo.

theodolito surveying instrument	**matuto** backwoodsman
ousar dare	**coçar** scratch

Redação: Conte em suas próprias palavras a anedota acima, sem usar a forma de diálogo.

_____

_____

_____

_____

_____

_____

_____

_____

_____

_____

_____

_____

_____

_____

****

A maneira *enrolada* com que um mineiro *fila* cigarro? Aqui vai:

Ele estava em São João del Rei admirando um *chafariz*, quando viu por ali a *rondá-lo* um velhinho *mirrado* e seco, roupa de *brim* e chapéu na cabeça, que acabou chegando:
> — 'Tá aí *preciando*, moço?
> — Estou. Não é bonito?
> — Dizem que é... — tornou o velho, pensativo: — Essas obras de arte... É tudo do tempo do ouro. Hoje não tem mais ouro não.

Passou a mão pelo *queixo*, enquanto buscava assunto:
> — O senhor não é daqui não, é?
> — Sou de Minas, mas moro no Rio há muito tempo.
> — Ah, foi educado lá.
> — Isso mesmo.
> — Posso saber qual é a sua graça?

O velho ouviu o nome e sacudiu a cabeça. Depois perguntou *candidamente*:
> — Por acaso, o senhor tem um fósforo aí?

Chafariz

Em resposta, o outro estendeu-lhe a caixa de fósforos. O velho correu as mãos ao longo do paletó, como se procurasse alguma coisa, enquanto dizia:
> — Quer dizer que o senhor fuma...
> — Fumo sim — e ele tirou o *maço* do bolso, acendeu um cigarro: — E o senhor? Não fuma?
> — De vez em quando — admitiu o velho.
> — Aceita um?
> — Já que o senhor dispõe...

O velho tirou com dedos finos um cigarro do maço que lhe era estendido e, certamente para não *desperdiçar* fósforo, acendeu-o no cigarro do outro. E se despediu, levando a mão ao chapéu:
> — Obrigado, moço. Muito prazer, 'viu?

brim khaki   **maço** pack

candidamente innocently
chafariz fountain
desperdiçar waste
enrolado complicated
filar mooch

mirrado wizened
preciando=apreciando admiring
queixo chin
rondar circling him

Fernando Sabino, *A Falta que Ela me Faz*

Nessa anedota o mineiro é caracterizado como manhoso. Com muito cuidado e jeito ele consegue o cigarro, sem dar a impressão de que este era o seu objetivo ao se aproximar do homem. Escreva um parágrafo interpretando as atitudes manhosas dele, nessa narração.

_____

_____

_____

_____

_____

_____

_____

_____

_____

_____

_____

_____

VII. IMPERFEITO DO SUBJUNTIVO, VERBOS IRREGULARES

A. **Uma festa para o Dr. Calmante!** Complete o diálogo:

Rosa — Você já planejou a festa de aniversário do Dr. Calmante?

Helena — _____

Rosa — Ah! Você foi pedir uma sugestão à sua mãe? E o que ela sugeriu?

Helena — _____

Rosa — Que elegante! Vai custar muito caro?

Helena — _____

Rosa — Não me diga! O Mário insistiu que fosse lá? Que absurdo! Você esperava

que fosse tão caro assim?

Helena — _____

Rosa — Era bom se você pudesse falar com o presidente do Iate Clube. Talvez você

conseguisse um desconto.

Helena — _____

Rosa — Claro que eu podia ajudá-la. Era conveniente que você viesse aqui amanhã à

noite.

B. **Passado e mais Passado!** Escreva uma frase no pretérito do indicativo e outra no imperfeito do subjuntivo.

1. Fazer o exame de habilitação.
   a. *Ontem o Jorge fez o exame de habilitação para dirigir.*
   b. *Foi necessário que Jorge fizesse o exame de habilitação.*

2. Trazer os salgadinhos e os docinhos.

   a. Na semana passada _____

   b. Era necessário que _____

3. Dar uma festa de aniversário.

   a. No ano passado _____

   b. Foi maravilhoso que _____

4. Pôr dinheiro no banco.

   a. No mês passado _____

   b. Era aconselhável _____

5. Ir passar as férias no Rio.

   a. No verão passado _____

   b. Seria ótimo que _____

6. Vir conhecer o novo professor.

    a. Ontem _____

    b. Seria importante que _____

7. Querer sair de casa.

    a. Ontem _____

    b. Foi pena que _____

8. Ver o filme sobre São Paulo.

    a. Na semana passada _____

    b. Foi pena que _____

C. **Antigamente!** Complete as frases abaixo usando o imperfeito do subjuntivo dos verbos irregulares: *ir, ser, ter, estar, poder, pôr, querer, saber, trazer, dizer, fazer, ver, vir.*

    1. Antigamente meus avós queriam que *eu morasse com eles.*

    2. Antigamente os meus pais esperavam que _____

    3. Antigamente o professor de português exigia que _____

    4. Antigamente a minha mãe tinha medo que _____

    5. Antigamente os meus irmãos proibiam que _____

    6. Antigamente os meus colegas pediam que _____

    7. Antigamente a minha melhor amiga esperava que _____

    8. Antigamente o papai desejava que _____

PARTE II

―――――――――――――――――――――――――――――

I. *PRA ONDE VAMOS NAS FÉRIAS?*

A. **As melhores ou as piores?** Escreva uma redação contando as suas melhores ou piores férias.

_____

_____

_____

_____

_____

_____

_____

_____

_____

_____

_____

_____

_____

B. **Diário de viagem.** Imagine que você foi acampar por três dias. Todas as noites você escrevia, no seu diário, sobre as suas impressões e sentimentos. Aqui vai o seu primeiro dia:

Data:_____

Querido diário: Chegamos aqui...   _____

_____

_____

_____

_____

_____

_____

_____

_____

_____

_____

_____

_____

C. **"Bons Programas para suas férias de julho".**

BONS PROGRAMAS PARA SUAS FÉRIAS DE JULHO

Para aqueles que gostam de viajar e conhecer um pouco de nossa gente e nosso folclore aqui vão algumas sugestões para as suas próximas férias de julho que o calendário turístico oferece.

Durante todo o mês de julho, na cidade barroca de Ouro Preto (MG), acontece o **IX Festival de Inverno**, com a realização de cursos de arte, exposições, concertos, seminários, exposições, espetáculos folclóricos, representações teatrais, bandas e retretas.

Os artistas e estudantes, principalmente, pedem carona pela estrada e invadem a cidade, vagueiam por suas ruas, vasculham becos e cantos. Há os que catam o fantasma de Tiradentes e outros do Aleijadinho. Mesmo que os objetivos sejam diversos o estilo único e puro é o barroco e a perspectiva é uma das mais significativas promoções culturais. Paralelamente são realizados os Festivais de Corais, Brasileiro de Teatro Amador e Internacional de Danças.

Também em julho em Campos de Jordão (SP) temos a **Temporada de Inverno**, com festividades desenvolvidas durante o mês, com competições hípicas, bailes, desfiles de modas, festival de arte musical, patinação no gelo, equitação. Equipes gaúchas, cariocas, paranaenses e mineiras se deslocam para Campos de Jordão para tomar parte nos jogos. Em Curitiba, de 6 a 18 de julho temos o **XVII Festival Folclórico do Paraná**, com danças e músicas folclóricas dos países de origem dos imigrantes que mais contribuíram para o desenvolvimento do Paraná. Apresentam-se, também, conjuntos corais e bandas.

Assim, estudantes, lavradores, operários e comerciários aí se irmanam e se entendem através das autênticas manifestações do folclore e da arte popular de seus antepassados. Exibem-se os grupos folclóricos português, japonês, holandês, alemão, polonês e gaúchas do Paraná.

Enquanto isto, em Serrita, a **Missa do Vaqueiro**, celebrada há cinco anos, sempre no terceiro domingo de julho, já se tornou um acontecimento tão importante no calendário de Pernambuco quanto o Drama da Paixão, em Nova Jerusalém. Milhares de pessoas comparecem à cerimônia, idealizada em moldes regionais pelo Padre João Câncio, que aí substitui os paramentos clássicos por uma roupa de couro.

E com seus trajes típicos comparecem também os vaqueiros da região, que no Ofertório depositam no altar peças de sua indumentária ou utensílios de trabalho: perneiras, gibões, chapéus, mochilas. A motivação central da reunião é a homenagem a Raimundo Jacó, vaqueiro que se transformou em símbolo de seus companheiros de profissão.

Aleijadinho famous XVIII-century sculptor and architect

lavradores farm workers
mochila backpack

beco alley
canto corner
catar search for
equitação horseback riding
hípico horses
indumentária clothing

paramento special (jockey's) clothing
patinação skating
perneira legging
retreta public band concert
Tiradentes Brazilian national heroe

1. As expressões abaixo estão relacionadas às quatro opções de férias apresentadas no artigo. Escreva ao lado de cada palavra a opção equivalente:

   a. cursos de arte: *IX Festival de Inverno de Ouro Preto*.

   b. terceiro domingo de julho: _____

   c. roupa de couro: _____

   d. imigrantes: _____

   e. patinação no gelo: _____

   f. o fantasma de Tiradentes: _____

2. Redação: Escreva um curto resumo do artigo "Bons programas para suas férias de julho".

_____
_____
_____
_____
_____
_____
_____
_____
_____
_____
_____
_____
_____
_____

D. **Onde se divertir no Rio de Janeiro!**

CIRCO VOADOR

Av. Mem de Sá, s/n, tel. 265-2555. Rio de Janeiro.

Há uns quatro verões, o Circo Voador fez história e virou uma mania carioca ao aparecer na pedra do Arpoador, entre Copacabana e Ipanema. Kid Abelha, Blitz e Cazuza, muita gente acabou ganhando seu espaço e público ali, nas montagens e nas criações comandadas por Perfeito Fortuna, Márcio Galvão e sua equipe. Há três anos, o Circo ocupa seu espaço junto aos arcos da Lapa, no centro do Rio. Mudou o lugar, mas a criatividade e inventividade do grupo continuam vivas, nos trabalhos de promoção comunitária que realizam, nos shows, nos cursos de teatro e de dança, e sobretudo nos bailes. Que atraem da velha boêmia do bairro da Lapa à gente dourada da Zona Sul carioca para este espaço simples, despojado, de um circo. James Taylor, na única "canja" que deu durante sua apresentação no Rock in Rio, escolheu como lugar o Circo. Wagner Tiso, Arrigo Barnabé, Caetano Veloso, são alguns dos nomes da cintilante galeria que constrói o astral das noites dançantes dessa casa.

NOITES CARIOCAS

Morro da Urca (acesso pelo bondinho do Pão de Açúcar), tel. 541-3737, Rio.

Um espaço que pode ser definido como a mais bem dosada mistura de forró, videobar, discoteca, fliperama, gafieira ou danceteria, o Noites Cariocas é tudo isso e mais um pouco. O mais um pouco fica por conta do lugar, no alto do Morro da Urca, a meio caminho da subida do Pão de Açúcar, com o decor, lá embaixo, da Baía de Guanabara. Poderia haver cenário igual? Romântico, charmoso. Pois, se o visual é de sonho, as atrações são sempre as melhores, nesta casa criada por Nelson Motta e que já se chamou Concha Verde e Dancin'Days — sempre com grande sucesso. Atualmente, aqui se apresentam de Lulu Santos a Ultraje a Rigor, o que há de melhor na MPB mais roqueira. Sem falar nos réveillons e bailes de Carnaval promovidos pelo mago Guilherme Araújo. Funcionando nos fins de semana, de 22 a 4 horas, o Noites sempre merece uma visita. Mesmo que seja apenas para dançar.

BAR LAGOA

Epitácio Pessoa, 1674, tel. 287-1135, Rio de Janeiro, RJ.

Um casarão àrt-decô plantado à beira da Lagoa Rodrigo de Freitas, no Rio — e com muita fama. Não fosse apenas pelo fato de ter sido fundado em 1934 e com o nome de Bar Berlim, ao menos por ter visto o crescimento e a consagração do badalado bairro de Ipanema, sem ter perdido seu estilo original — e se mantendo como um tradicional ponto de encontro. Por suas mesas passa boa parte do who's who do mundo das artes e dos espetáculos carioca. Francisco Cuoco, Suzana Vieira, Teresa Raquel, por exemplo, são alguns dos frequentadores assíduos. Como também são, nos últimos anos, um animado grupo de garotas bonitas e jovens cariocas que descobriram nesse bar um lugar onde passar horas de agradável conversa, com boa comida e ótimo chope — longe do burburinho de turistas que, todo verão, acabam tomando conta dos bares da orla.

PETISCO DA VILA

Boulevar 28 de Setembro, 238, tel. 258-5652, Vila Isabel, Rio.

Os botecos sempre fizeram parte da cena carioca: às vezes um simples balcão em volta do qual, cervejinha gelada, se forma a animada roda de amigos. Assim foi, ao longo de dezoito anos, com o Petisco da Vila, e seu chope bem tirado, além, claro, das iscas de filé de peixe, manjubinhas ou da singela cebola ao vinagrete, os "petiscos". Na esteira da emigração de Jaguar para o bairro de Noel Rosa, a casa foi descoberta pela Zona Sul. Nos fins de semana, agora, a esquina lota com carros, motos e, claro, muita gente bonita. Belisa Ribeiro, Ziraldo ou Hugo Carvana sempre que têm um tempinho passam por lá. Seria preciso mais certificado de que a casa tem charme?

1. Onde ficava o Circo Voador e onde fica hoje?

   _____

2. Quais são as criatividades e inventividades do Circo Voador?

   a. _____

   b. _____

   c. _____

3. Que tipo de gente vai ao Circo Voador? _____

   _____

4. Em Noites Cariocas, algumas das atividades proporcionadas são:

   a. fliperama

   b. _____

   c. _____

   d. _____

   e. _____

5. Onde fica Noites Cariocas?

   _____

6. Quando o Bar Lagoa foi fundado e que nome tinha antes?

   _____

   _____

7. Quem passa pelas mesas do Bar Lagoa?

   _____

   _____

8. O que as garotas e os jovens descobriram no Bar Lagoa? _____

_____

9. Petisco da Vila é um boteco. Descreva um boteco: _____

_____

10. Onde fica o Petisco da Vila? _____

_____

11. O que o Petisco da Vila oferece? _____

_____

12. Problema: Renato mora no Rio de Janeiro e vai receber uma amiga de infância para um fim de semana. Com base nos anúncios acima, como você o aconselharia a programar essas três noites?

Seria aconselhável que _____

_____

_____

_____

_____

_____

_____

_____

_____

_____

_____

_____

_____

_____

_____

E. "PLANEJE JÁ AS SUAS FÉRIAS"

Planeje já as suas férias

Viajar para o exterior pode sair mais barato do que você imagina, desde que siga certas regras básicas. Nesta questão, os jovens são os mais privilegiados, por poderem dispensar alguns itens de conforto, e por disporem de mais tempo em trânsito. Além disso, eles contam com o apoio de entidades destinadas a facilitar o intercâmbio de jovens e estudantes entre as nações. Veja em seguida as dicas para você viajar gastando menos.

PLANEJAMENTO — Estude o seu roteiro e colha informações sobre as cidades a serem visitadas; preços de hotéis; onde comer bem e barato, meios de transporte etc. Além disso, junte os dólares necessários para o pagamento da viagem e do empréstimo compulsório de 25% sobre o preço da passagem aérea (que continua vigorando).

AGÊNCIAS DE VIAGENS — Viajar com passagens compradas diretamente nas companhias aéreas pode sair mais caro. Isso porque elas oferecem aos clientes somente alguns tipos de tarifas com descontos. O que não é o caso das agências: elas possuem tarifas especiais de todos os tipos e também das companhias não ligadas a Iata — um organismo internacional —, e que são excepcionalmente baratas. E mais: as agências têm convênio com os principais hotéis do exterior, conseguindo descontos substanciais nos preços das diárias. Além disso, algumas delas costumam repassar para os clientes o chamado over price, que é um desconto dado a elas pelas companhias aéreas.

EXCURSÕES — Também conhecidas como pacotes, são oferecidas pelas agências de viagens a quem se dispuser a viajar em grupo. Nelas, a parte terrestre normalmente é paga a vista, pela cotação do dólar no paralelo. Precauções: certificar-se da categoria dos hotéis, para não pagar mais por um hotel de menos estrelas (às vezes descritos como similares); verificar se os passeios são gratuitos e estão especificados no contrato. O mesmo vale para entradas de museus, parques e demais diversões. Também as refeições devem ser consideradas: nos Estados Unidos, o café da manhã é pago à parte. Já na Europa, pode compensar mais tomar as refeições fora dos hotéis.

Outra coisa: divida o preço total da excursão pelo número de dias. Isso dá uma idéia de quanto você está pagando e se o preço sai realmente mais barato do que viajar desligado do grupo.

TARIFAS — O seu vizinho de poltrona pode estar viajando pela metade do preço que você pagou. Para que isso não aconteça, verifique e compare os diversos tipos de tarifas existentes de São Paulo a Paris: 1.ª classe, 3.964 dólares; executiva, 2.732; normal, 2.540; especial (ou ponto a ponto), 1.270. Nesta tarifa, há restrições quanto ao período de permanência e escalas. O desconto é de 50% sobre a normal, na baixa estação, e de 43% na alta, durante o verão no Hemisfério Norte. E a YLE2M, que sai por 1.728. Também com restrições, porém menores que a ponto a ponto, dá um desconto de 40% sobre a tarifa normal.

Além disso, existem as tarifas especiais, oferecidas temporariamente, como é o caso da Apgn-20. E mais a Ygn10, para um grupo mínimo de 10 pessoas, com destino ao Japão, Estados Unidos, Canadá, Buenos Aires e Montevidéu.

FORA DA IATA — As em-

presas aéreas, não ligadas à Iata, têm passagens com um preço melhor, desde que compradas através das agências. Neste caso, São Paulo-Madri sai por 760 dólares; São Paulo-Miami, pela LAB, por 680. Também a Pluna faz vôos para os EUA e Europa.

VÔO CHARTER — Trata-se de vôos em aviões fretados, com preços bem reduzidos. Uma passagem São Paulo-Miami, que custa 1.568 dólares numa tarifa normal, cai para 654 dólares num charter. Restrições: a tarifa é paga a vista (ou num máximo de três vezes). Além disso, há um número maior de horas de vôo. Outra restrição é que há datas certas de ida e de volta, que não podem ser desobedecidas.

TARIFAS NO EXTERIOR — Se você está disposto a pagar a vista, há alguns outros tipos de passagens aéreas lá fora, com preços menores: Stand-by — você embarca se sobrar lugar; Budget — data do embarque confirmada sete dias antes; tarifa esposa — desconto de 50% para o casal; Iata 9 dias — descontos para reservas feitas nas sextas-feiras; volta ao mundo — sem restrições de escalas; noturná — para embarques feitos após às 22 horas.

PASSES — Comprados no Brasil, dão direito a viajar de trem por toda a Europa Ocidental, com exceção da Inglaterra. Eles custam 440 dólares (30 dias) na 1.ª classe, e 310 dólares para pessoas até 25 anos (na 2.ª classe). Há também passes para os EUA. De trem custam 375 dólares (14 dias) e 525 (30), por todo o país e parte do Canadá. De ônibus, saem por 225 dólares (30 dias). Passe aéreo — 79 dólares cada vôo, com um mínimo de três (neste caso, incide o compulsório).

JOVENS — Ao filiar-se à FIYTO — Federação Internacional para Jovens Viajantes — eles obtêm dois tipos de carteirinhas: a Internacional Youth Travel Card (por 300 cruzados) e a Youth Hostel Association, por 600 cruzados. A primeira é para estudantes até 25 anos e dá direito a vôos com descontos de até 60%, dentro dos EUA e Europa. A segunda, vale também para os que não são estudantes e não estabelece limite de idade. Ambas dão descontos com hospedagem, transporte e alimentação. Além disso, há o Countdown Card, que dá descontos em passeios, ingressos e compras.

Milton Correia Jr.

1) Responda.

    a. Por que os jovens são os mais privilegiados quando viajam de férias?

    _____

    _____

    _____

    b. Depois de estudar o roteiro da sua viagem que tipos de informações você deve escolher?

    _____

    _____

    c. O que é o empréstimo compulsório? _____

    _____

    d. Quais as vantagens de se usar os serviços de uma agência de viagens? _____

    _____

    _____

    e. Quais são as vantagens de se viajar numa excursão? _____

    _____

    f. O que significa "baixa estação" e "alta estação"? _____

    _____

    g. O que é IATA? _____

    h. O que é um vôo charter e quais as suas restrições? _____

    _____

    i. Defina os seguintes tipos de tarifas:

        stand-by _____

        budget _____

        IATA 9 _____

        noturna _____

j. O que são passes de viagem? _____

_____

k. Qual é a diferença entre a International Youth Travel Card e a Youth Hostel Association?

_____

_____

2) Uma viagem pelo Sudeste do Brasil.

Escreva uma pequena redação sobre os seus planos de viagem pelo Sudeste do Brasil. O que visitar? Como gastar pouco dinheiro? Como viajar? Onde se hospedar?

_____

_____

_____

_____

_____

_____

_____

_____

_____

_____

_____

_____

_____

_____

_____

_____

_____

F. **"Mais importante do que você viajar com a gente é você viajar"**

MAIS IMPORTANTE DO QUE VOCÊ VIAJAR COM A GENTE É VOCÊ VIAJAR.

Sair de férias e não viajar é como não sair de férias. Sem tirar nem pôr. Porque quando você fica em casa, você não se desliga de todos aqueles problemas que vieram se acumulando ao longo dos meses, do ano. E não se desligando, você não se renova, não descansa, nem física, nem mental, nem animicamente.

Nós gostaríamos muito que você viajasse com a gente. Mais importante, porém, é você viajar de qualquer jeito, em qualquer meio de locomoção, sempre que puder. Em todas as vezes que tiver férias. Com a gente ou sem a gente.

Você pode pensar que viajar é alguma coisa fora de suas possibilidades. Não é assim. Converse com sua agência de viagens. Você vai ver que uma boa viagem de férias pode começar a alguns quilômetros de sua casa. De carro, ou mesmo de ônibus, você chega a uma praia, a uma cidade serrana, a uma estação de águas. Em qualquer lugar você tem hotéis de várias estrelas. Mas tem também hotéis muito em conta, pensões e lugares bem gostosos para ficar, sem falar em acampamentos. Este país cabe no seu bolso, porque você tem opções sem conta para descansar. Respeitando orçamentos familiares, usando e abusando dos dias a que você tem direito, viaje nas suas férias e não deixe por menos. Você merece. E precisa sair, seja por terra, mar ou ar. O importante não é como ir. É ir.

PARE PARA PENSAR. FÉRIAS É A MELHOR SAÍDA.

VARIG

A nossa Varig.

1. O uso da palavra "gente" no sentido de "nós" é muito comum no português do Brasil. Reescreva as frases abaixo substituindo "gente" por "nós".

    a. Mais importante do que você viajar conosco é você viajar. _____

    _____

b. Nós gostaríamos muito que você viajasse conosco. _____

_____

2. "Sem tirar nem pôr" significa:
   a. Sem tirar nada.
   b. É exatamente assim.
   c. Sem exceção.

3. O que acontece quando você fica em casa no período de férias? _____

_____

4. Por que é importante se desligar dos problemas durante as férias? _____

_____

_____

5. Que lugares para férias, a alguns quilômetros da sua casa, uma agência de viagens pode

recomendar? _____

_____

6. Que tipo de acomodações você pode encontrar em qualquer lugar? _____

_____

7. A expressão "muito em conta" na frase "mas tem também hotéis muito em conta" significa:
   a. muito caro
   b. de preço razoável

8. A expressão "não deixe por menos", no texto, quer dizer:
   a. não aceite menos do que você merece.
   b. não peça menos.

9. Na frase "pare para pensar. Férias é a melhor saída", a expressão "a melhor saída" significa:
   a. a melhor viagem
   b. a melhor alternativa

II. O ESTADO DO RIO DE JANEIRO

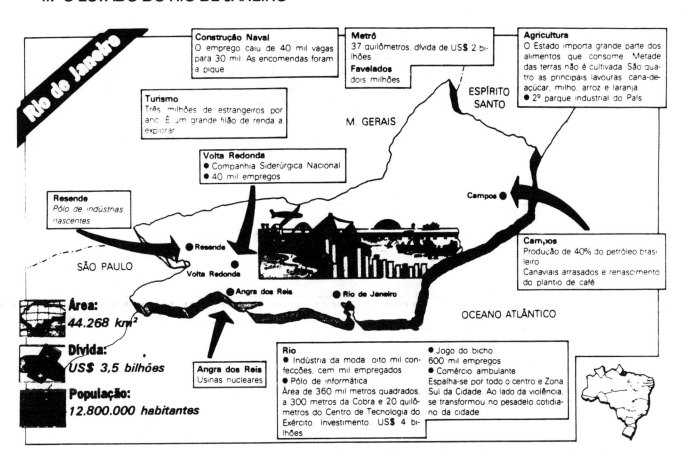

Construção Naval
O emprego caiu de 40 mil vagas para 30 mil. As encomendas foram a pique.

Metrô
37 quilômetros, dívida de US$ 2 bilhões

Favelados
dois milhões

Agricultura
O Estado importa grande parte dos alimentos que consome. Metade das terras não é cultivada. São quatro as principais lavouras: cana-de-açúcar, milho, arroz e laranja
● 2º parque industrial do País

Turismo
Três milhões de estrangeiros por ano. É um grande filão de renda a explorar.

ESPÍRITO SANTO

M. GERAIS

Volta Redonda
● Companhia Siderúrgica Nacional
● 40 mil empregos

Campos ●

Resende
Pólo de indústrias nascentes

● Resende

SÃO PAULO

● Volta Redonda

● Angra dos Reis

● Rio de Janeiro

Área:
44.268 km²

Campos
Produção de 40% do petróleo brasileiro
Canaviais arrasados e renascimento do plantio de café

OCEANO ATLÂNTICO

Dívida:
US$ 3,5 bilhões

Angra dos Reis
Usinas nucleares

População:
12.800.000 habitantes

Rio
● Indústria da moda: oito mil confecções, cem mil empregados
● Pólo de informática
Área de 360 mil metros quadrados, a 300 metros da Cobra e 20 quilômetros do Centro de Tecnologia do Exército. Investimento: US$ 4 bilhões.

● Jogo do bicho
600 mil empregos
● Comércio ambulante
Espalha-se por todo o centro e Zona Sul da Cidade. Ao lado da violência, se transformou no pesadelo cotidiano da cidade.

1. Que Estados fazem fronteira com o Estado do Rio de Janeiro? _____

_____

2. Qual a população do Estado do Rio de Janeiro? Escreva a resposta em número por extenso.

_____

3. Qual a situação da agricultura no Estado? _____

_____

_____

4. Qual a situação do turismo no Rio de Janeiro? _____

_____

5. Qual o tamanho do parque industrial do Rio de Janeiro em relação ao do resto do país?

_____

6. Redação: Trabalho de pesquisa. Usando as informações do mapa, faça uma redação sobre
   a situação do emprego no Estado. Classifique os tipos de trabalhos existentes e indique as
   proporções de vagas relativas a eles. Faça uma análise dos dados que você organizou e tire
   as suas próprias conclusões. Crie um título para a sua redação.

_____

_____

_____

_____

_____

_____

_____

_____

_____

_____

_____

_____

_____

_____

_____

_____

_____

III. O CARNAVAL NO BRASIL

A. **Redação.** Escreva uma redação sobre o carnaval no Brasil. Vocabulário sugerido: *música, dança, fantasia, escola de samba, avenida, desfile, samba-enredo, carros alegóricos*

_____

_____

_____

_____

_____

_____

_____

_____

_____

_____

_____

_____

_____

_____

_____

_____

_____

_____

_____

_____

B. **Escolas de samba.** Leia a descrição das escolas de samba, Mangueira e Portela, e faça uma redação comparando as duas. Inclua informações como:
   - a. o número de componentes
   - b. as cores das escolas
   - c. o tema enredo
   - d. algumas características peculiares a cada uma
   - e. outras informações interessantes

Crie um título sugestivo para a sua redação como, "Mangueira e Portela, as melhores de '88".

Mangueira

Finalmente o visual

A Estação Primeira de Mangueira é considerada, entre as grandes escolas de samba, como a mais tradicional, pela sua característica de valorização da coreografia própria do samba (sem passo marcado) e do canto de suas pastoras, além da fidelidade da bateria a seu modo próprio de apresentação e da beleza de sua ala de baianas, não gratuitamente intituladas baianas tradicionais. Acresce que a Estação Primeira é a única entre as grandes que se situa no meio da sua comunidade de sambistas e participantes, do morro da Mangueira, à beira-rua da Visconde de Niterói. Costuma-se mesmo confrontar a Mangueira e seu "samba de pé no chão" com o "visual" que, nos últimos anos, impôs-se ao carnaval-desfile. A parte os exageros, realmente a Mangueira vinha-se mantendo fiel aos seus princípios verdes-rosas. Este ano, porém, embora o enredo mantenha um certo sabor tradicional e brasileiro - "Coisas Nossas" - a Mangueira ingressou, segundo a carnavalesca Liana Silveira, professora da Escola de Belas Artes e componente das mesma equipe que, em 1963, começou, no Salgueiro, a fazer a grande virada do carnaval carioca, na "era do visual". E explica porque: "A proposta da Mangueira é, sobretudo, disputar o carnaval que, da maneira como está programado, ou se disputa no visual ou não se disputa o primeiro lugar. A Mangueira quer ser campeã, então nós viemos usando a mesma linguagem dos outros, estamos competindo no mesmo terreno". A escola apresenta-se com 3.600 pessoas distribuídas em 54 alas. Descerá, desta vez, tonalizando o verde e o rosa, o que deverá produzir um efeito de leveza, em particular a ala das baianas. É exatamente nessa tonalização, que foge ao verde e ao rosa tradicionais, gritantes e fortes é que a carnavalesca situa a diferença do carnaval mangueirense deste ano do ponto de vista de figurino. E no desenho singular das fantasias.

Portela

As cores do circo

Um circo na avenida. Malabaristas, trapesistas, animais, palhaços, mágicos e equilibristas. Uma grande variedade de cores, além do azul e branco de base. Carros muito bem cuidados e alegorias de grande beleza. Fantasias de efeito. É assim que a Portela (3.200 pessoas, 38 alas) apresentará o enredo "Hoje Tem Marmelada", do carnavalesco Viriato Ferreira, um desfile de visual luxuoso e que, pela própria natureza do enredo, é mais figurativo que abstrato. Somente quatro das 38 alas da Portela se apresentarão totalmente vestida, as demais exibindo o nu que, cada vez mais impõem-se ao espetáculo. Viriato afirma (e os demais carnavalescos também) que "ninguém pode mais fugir do nu, hoje em dia é uma exigência dos próprios sambistas. É uma coisa que a gente tem que compreender. Não é apenas por causa do calor e para obter liberdade de movimentos que as alas pedem figurinos despidos. É que as fantasias custam muito caro e quanto mais pano, mais dinheiro se torna necessário. E dinheiro ninguém tem". Portela tentará chamar para o seu carnaval a participação do público das arquibancadas e, para tanto, lançará mão dos muitos recursos permitidos pelo enredo. Essa é, de acordo com Viriato Ferreira, a intenção principal de seu desfile, "que o público se junte a nós". Integração nada difícil, já que o aspecto lúdico do enredo favorece em muito as intenções do artista. Os destaques da escola, em sua maioria, virão sobre carros alegóricos, um recurso para neutralizar a distância entre passarela e público: "A distância física entre as arquibancadas e a passarela é muito grande, então nós temos que usar coisas grandes, de muito efeito, para chamar a atenção e motivar". A Portela apresentará ainda 30 passistas. "Nosso desfile - assegura Viriato tem uma linguagem simples, a linguagem do bom carnaval".

IV. PALAVRAS OXÍTONAS

A. **Acentue as palavras.** Todas as palavras abaixo são oxítonas ou monossilábicas, mas nem todas são acentuadas.

1. guri	6. so	11. trem
2. mes	7. cafe	12. Saci
3. ja	8. Ceara	13. luz
4. ali	9. Para	14. legal
5. irma	10. ninguem	15. voce

B. **Como sobreviver aqueles dias de azar!** Coloque o acento nas palavras oxítonas e monossilábicas quando for necessário.

As férias já estão para começar, e o Cláudio so agora começou a planeja-las. Ele esta atras de alguem para acompanha-lo e tem idéias bem definidas do que sejam umas "férias bem aproveitadas", mas nos não estamos assim tão definidos. Ele mantem a opinião de que tres semanas ou um mes num hotel-fazenda são um período que da pra se refazer as energias e descansar: cafe às 7:00hs. da manhã, tres horas de caminhada pela fazenda e, de volta ao hotel, "a gente lava os pes pra tirar o po da estrada, ne?" diz ele muito cortes. Depois do almoço, constituído de bufe vegetariano, "a gente le o jornal, toma um cha pra ajudar a digestão e faz uma hora de ginástica aeróbica; como se ve, ha tempo pra tudo, ate pra descansar", diz ele. O programa dele ainda recomenda que às 4:00hs. da tarde convem a gente nadar uns tres quilômetros pra refrescar do calor do verão. Apos o jantar, tambem vegetariano, a gente assenta num confortável sofa do saguão do hotel e pratica frances ou japones. Quem não souber uma dessas línguas fala portugues mesmo, mas so sobre assuntos serios, como filosofia. "À noite voces veem televisão, se quiserem, mas não muito, porque e importante dormir pelo menos 9 horas", conclui ele. Não tenho nenhum argumento para convence-lo de que ninguem esta interessado nesse programa de férias.

V. FUTURO DO PRETERITO

A. **O que aconteceria?** O que aconteceria se você:

1. faltasse muita à aula?   *Eu seria reprovado.*

2. não tivesse dinheiro para pagar os estudos? _____

_____

3. se perdesse na floresta amazônica? _____

_____

4. fosse viajar e perdesse o vôo? _____

_____

5. estivesse loucamento apaixonado e não fosse correspondido? _____

_____

6. fosse assaltado? _____

_____

7. nunca trabalhasse? _____

_____

8. estivesse dirigindo numa rua deserta e seu carro desse o prego? _____

_____

B. **Possibilidades.**

1. Eu me casaria   *se tivesse um emprego muito bom*

2. Meu pai viria me visitar _____

3. Eu tiraria férias _____

4. Mamãe compraria um carro novo _____

5. Eu moraria no Brasil _____

6. Eu morreria de medo _____

7. Meus avós ficariam muito tristes _____

8. Eu viveria muito melhor _____

C.   **Quero saber um pouco mais de você!**

Gilberto — Se você pudesse viajar para onde você iria?

Você — _____

Gilberto — Se você pudesse escolher onde morar, que lugar você escolheria?

Você — _____

Gilberto — Se você fosse bem mais velho, como você seria?

Você — _____

Gilberto — Se você pudesse voltar o tempo atrás, que época você escolheria?

Você — _____

Gilberto — Se você pudesse mudar algo na sua vida, o que você mudaria?

Você — _____

D. **Uma imaginação fértil!** Escreva uma pequena redação sobre um dos tópicos abaixo. Esta é uma boa ocasião de você mostrar a sua criatividade.

1) Se eu fosse o diretor da Faculdade...; 2) Se eu pudesse voar...; 3) Se eu fosse um mágico...

_____

_____

_____

_____

_____

_____

_____

_____

_____

_____

_____

_____

_____

_____

E.   **Diário dois.** Este é o seu quinto dia de acampamento. São 9:30 hs. da noite e é hora de escrever as suas impressões e sentimentos no seu diário.

Querido diário:

Hoje é o quinto dia _____

_____

_____

_____

_____

_____

_____

_____

_____

_____

_____

_____

_____

_____

_____

_____

_____

_____

_____

VI. RELATIVOS

A. **Ligando uma coisa com a outra!** Responda às perguntas ligando as frases abaixo com os relativos apropriados: *que, quem, cujo, de quem, com quem, o(-s) que, a(-s) que.*

1. De quem você gosta? Eu gosto do rapaz *de quem* eu já lhe falei.

2. Com quem você vai ao cinema?

   Eu vou com a moça _____ eu estou estudando.

3. O que você quer de presente?

   Eu quero o último romance _____ Jorge Amado escreveu.

4. Que retratos são esses?

   São _____ que eu tirei na minha última viagem.

5. Quem é aquela senhora morena?

   É a senhora _____ filha é minha melhor amiga.

6. Qual apartamento você vai comprar?

   Eu vou comprar _____ fica na Praia de Ipanema.

7. Que discos você está ouvindo?

   Eu estou ouvindo _____ eu ganhei no meu aniversário.

8. Você vai se encontrar com alguém?

   Sim, eu vou me encontrar com a garota _____ eu vou viajar.

9. Você já conheceu aquele rapaz?

   Sim. Ele é o rapaz _____ irmãs são minhas colegas de faculdade.

10. Você vai pôr dinheiro no Banco Central?

    Claro! Este é o banco _____ meu pai recomendou.

B. **Completando o que está faltando!** Complete as frases abaixo.

1. Eu não gosto do professor que _____

2. A moça com quem _____

3. Quero assistir o filme que _____

4. Esta é a garota cujo _____

5. Estou pensando no homem de quem _____

6. Eu não conheço quem _____

7. Estas são as chaves que _____

8. Eu li a história cujas _____

9. Teresa quer falar com o estudante que _____

_____

10. Eu não vi o filme cujos _____

VII. SUBJUNTIVO COM RELATIVOS

A. **O que você está procurando?** Responda ligando as duas frases com o pronome relativo e o verbo no subjuntivo.

1. eu estou procurando alguém -- que saber escrever à máquina

Eu estou procurando alguém que saiba escrever à máquina.

2. uma pessoa -- querer traduzir esta carta

_____

3. um rapaz -- entender de computadores

_____

4. um mecânico -- ser especialista em carros estrangeiros

_____

5. uma secretária -- falar português e espanhol

_____

6. um dentista -- não cobrar muito caro

_____

7. uma casa -- ter três quartos

_____

8. um apartamento -- ficar no último andar

_____

B. **Para onde nós vamos?** Complete usando o pronome relativo e a sua imaginação.

1. Nós vamos para um lugar que   *Nós vamos para um lugar que ofereça bons empregos.*

2. Nós vamos para uma cidade que _____

3. Nós vamos para uma praia que _____

4. Nós vamos para uma faculdade que _____

5. Nós vamos para um país que _____

6. Nós vamos para um hotel que _____

7. Nós vamos para um hospital que _____

8. Nós vamos para uma boite que _____

UNIDADE 10

O CENTRO-OESTE DO BRASIL

Parte I

I. APRESENTAÇÃO.

A. **O meu dicionário.** Escreva as definições de:

1. estrada de rodagem: *estrada onde circulam carros, caminhões, ônibus e outros meios de transporte que usem rodas.*

2. Pantanal: _____

_____

3. cerrado: _____

_____

4. soja: _____

_____

5. flora: _____

_____

B. **Um pouco da Região Centro-Oeste.** Escreva um parágrafo sobre o Centro-Oeste usando o vocabulário dos textos sobre essa Região.

_____

_____

_____

_____

_____

_____

_____

_____

_____

_____

_____

II. SUBJUNTIVO EM FRASES ADVERBIAIS.

A. **Por que motivo?** Complete com o subjuntivo.

prescribe

1. Chamei o veterinário para que ele (receitar) *receitasse* um remédio para o meu gato.

2. Vou telefonar para o Carlos antes que ele (sair) _saia_ de casa.

3. Jorge gostaria de falar com você assim que você (chegar) _chege_ do trabalho.

4. Mamãe irá de trem a não ser que ela (conseguir) _consegua_ uma passagem de avião.

5. Rui virá se encontrar conosco depois que ele (dar) _dê_ um telefonema para os pais dele.

6. Convidei a Rosa para a minha festa a fim de que você a (conhecer) _conheça_ .

7. Martinha quer ir ao piquenique contanto que você (ir) _vá_ com ela.

B. **Há uma resposta para tudo.** Responda às perguntas usando o subjuntivo.

1. Por que você vai sair agora? (para que) *Eu vou sair agora para que eu possa pegar o trem das onze.*

2. Por que você está estudando português? (a fim de que) _____

_____

3. Por que você desligou a televisão? (para que) _____

_____

4. Quando você vai se casar? (depois que) _____

_____

5. Você vai passar o Natal em casa? (contanto que) _____

_____

6. Por que você escolheu essa Faculdade? (a fim de que) _____

_____

7. Você vai mesmo para Angola? (a não ser que) _____

_____

8. Quanto tempo você vai esperar pelo professor? (até que) _____

_____

9. Quando você vai se encontrar com o Roberto (assim que) _____

_____

10. Como você conseguiu convencer o seu pai que você chegou antes da meia noite? (sem que) _____

_____

D. **No tempo do lotação.** Complete o texto usando as expressões seguintes:

para que	antes que	a fim de que
a não ser que	sem que	caso
até que	embora	sempre que.

Nos anos 50, o meio de transporte público mais popular no Rio de Janeiro era o lotação. Tratava-se de um mini-ônibus muito rápido que atravessava a cidade de ponta a ponta. Parava em qualquer lugar para apanhar passageiros _____ estivesse lotado. _____ ninguém pudesse controlá-lo ele ultrapassava veículos pela direita e esquerda, e não parava _____ o sinal estivesse fechado. _____ o lotação fosse um pouco perigoso, todos gostavam dele. Como o próprio nome indica, ele tinha uma lotação máxima, de 20 pessoas sentadas. _____ pudesse controlar melhor a entrada das pessoas, ele só tinha uma porta. O motorista era a autoridade dentro do lotação.

_____ um passageiro se comportasse mal ele o mandava para fora do ônibus dizendo: "Você não viaja no meu lotação _____ aprenda a se comportar!" Ele não permitia a entrada de banhistas de praia _____ eles limpassem da areia do

corpo. _____ quisesse abrir caminho no tráfego, ele usava a buzina e batia

com a mão no lado de fora do lotação _____ todos saíssem da sua frente. Assim era o

lotação dos anos 50. _____ alguém pense que eu era louco em usá-lo, devo

lembrar que as condições de tráfego daquels "anos dourados" eram muito melhores que os de

hoje e que eu era loucamente jovem.

III. ENTRE NÓS.

A. **Já sei o que significa!** Escreva nos espaços as expressões apropriadas:

turma	fingir	puxar conversa
grosseiro	desavença	prestar um favor
colega.		

1. *Colega*: pessoa que exerce a mesma função que outra ou que trabalha na

   mesma corporação.

2. _____ : pessoa mal-educada, rude, impolida.

3. _____ : grupo de indivíduos reunidos em torno de um interesse comum.

4. _____ : uma discórdia que interrompe as boas relações.

5. _____ : iniciar uma conversa com uma pessoa.

6. _____ : aparentar algo que não corresponde à realidade.

7. _____ : fazer alguma coisa por uma pessoa sem esperar recompensa.

B. **Agora já sei definir!** Dê a definição das expressões abaixo:

1. amigo: *Pessoa a quem se estima, a quem se liga por amizade.*

2. puxar coversa _____

   _____

3. engraçado: _____

   _____

4. mal-educado _____

_____

5. fofoqueiro _____

_____

6. emprestar: _____

_____

7. amigo pra toda hora: _____

_____

8. bater um papo: _____

_____

9. chato: _____

_____

C. **Puxando conversa!** Complete o diálogo:

Alice — Esta a primeira vez que venho ao Clube Náutico. É muito bonito.

Ricardo — _____

Alice — Sim, eu estou gostando mas não conheço ninguém.

Ricardo — _____

Alice — Não, eu ainda não sou sócia. Acabo de me mudar pra cá. Você participa

das atividades do clube?

Ricardo — _____

Alice — Ah, eu também jogo tênis e gosto de nadar! Ah, eu esqueci de me

apresentar. O meu nome é Alice.

Ricardo — _____

Alice — Ricardo? Que coincidência! O meu irmão também se chama Ricardo.

Ricardo — _____

Alice — Pois não! Foi ótimo ter conversado com você. Talvez a gente possa jogar

tênis na próxima semana.

Ricardo — _____

Alice — Tá combinado. Até sexta-feira.

D. **Bate-boca!** Escreva um diálogo entre dois amigos no qual eles discordam em alguma coisa:

Ana —— Eu não estou de acordo com você.

Raul — _____

Ana — _____

Raul — _____

Ana — _____

Raul — _____

Ana — _____

Raul — _____

Ana — _____

Raul — _____

Ana — _____

E. **Coisas que o povo diz!** Interprete os seguintes dizeres:

1) "Quem tem um amigo tem um tesouro". _____

_____

_____

2) "O cachorro é o melhor amigo do homem". _____

_____

_____

3) "Só vive bem com os outros quem vive bem consigo mesmo". _____

_____

_____

F. Escreva uma redação sobre um amigo ou amiga importante em sua vida. Pode ser um membro de sua família, um colega de escola ou trabalho. Como nasceu essa amizade? Como é a sua relação com essa pessoa? O que faz com que a amizade continue? Dê um título sugestivo à sua redação.

_____

_____

_____

_____

_____

_____

_____

_____

_____

_____

_____

_____

_____

_____

_____

_____

_____

_____

_____

G. "Briga entre amigos"

Briga entre amigos: veja o que você deve fazer

Quando os seus amigos entram numa discussão, o que você costuma fazer? Aparta? Ignora?

"Nem uma coisa, nem outra, é bom negócio", diz o Dr. William Appleton, psiquiatra da Universidade de Harvard, (EUA). Ele afirma que você deve tentar esclarecer as coisas entre eles".

Mas, se você estiver entre dois fogos, tente as sugestões do Dr. Aplleton:

● *Tome conhecimento dos dois lados da história.*

Não ouça somente o que um de seus amigos tem a dizer, porque você ficará conhecendo somente um ponto de vista e, aí, as coisas podem piorar para o seu lado. Você não será capaz de tomar uma posição justa, que possa realmente ajudá-los nesse momento difícil.

● *Não menospreze o motivo da disputa.*

Não ache o assunto tonto, pois para eles é coisa muito séria. Não tente acalmá-los, porque eles não ficarão calmos. Você dará a impressão de que não entendeu nada. Tente ser simpático.

● *Não se coloque na posição de árbitro.*

Não é da sua conta julgar quem está certo ou errado. Por exemplo: se eles estão brigando por causa de um carro que um vendeu ao outro, não tente agir como juiz.

Você não é um especialista em carros. Mas, pode sugerir que eles consultem um bom mecânico, para fazer uma avaliação do problema.

● *Tente entrar na briga de seus amigos para conhecer seus pontos de vista.*

Talvez, um de seus amigos estivesse com a cabeça cheia de problemas, quando a discussão começou. Explicando as razões de seu comportamento você pode ajudar a esfriar os ânimos.

● *Sugira um acordo ou uma reunião para pôr as coisas em pratos limpos.*

Simplesmente pergunte-lhes: "Vocês acham que seria possível chegar a um acordo sobre esse problema? Ou vocês ainda estão muito zangados?" aconselha o Dr. Aplleton. Mas, se um dos seus amigos briguentos ainda estiver muito bravo ou irracionalmente fora de si, ou ainda, firme de que ele é quem está certo, não faça pressão para que haja um acordo.

"Pule fora!!!, aconselha o Dr. Aplleton". Dê a eles um tempo para que esfriem a cabeça. Você poderá tentar mais tarde".

1. De acordo com o texto, quando os seus amigos entram numa discussão, que atitude você deve tomar? _____

_____

2. O que quer dizer "estar entre dois fogos"? _____

_____

3. Por que não é uma boa idéia ouvir somente o que um dos seus amigos tem a dizer?

_____

4. Por que você não deve tomar a posição de árbitro em brigas de amigo? Dê um exemplo semelhante ao que o autor dá sobre a questão do carro vendido.

_____

_____

5. O que é "arbítrio"? _____

_____

6. De que maneira você pode ajudar as esfriar os ânimos, isto é, acalmar a situação?

_____

7. Quando você não deve fazer pressão para que seus amigos façam um acordo?

_____

_____

8. O que é "briguento"? _____

9. Não sendo possível acalmar os seus amigos, quando pelo menos um deles está muito

bravo, você deve desistir de ajudá-los? _____

_____

10. O que significa a expressão "fora de si"? _____

_____

IV. ACENTUAÇÃO GRÁFICA

A. Tem acento ou não?

1. saudade	10. saida	19. coroneis
2. lençois	11. magoa	20. aguentar
3. destruido	12. magoo	21. queijo
4. veu	13. tranquilo	22. linguistica
5. juiz	14. trem	23. ciume
6. juizes	15. quilo	24. egoismo
7. ruido	16. grau	25. ruim
8. conteudo	17. contribuido	26. saude

9. sanduiche   18. rainha   27. partido

B. **Com os acentos tudo fica mais claro!** Acentue as palavras abaixo quando for necessário.

1. O terremoto causou grandes prejuizos aos paises europeus.

2. Eu vou por a agua no fogo por dois minutos.

3. O pescador pegou os anzois e o chapeu e saiu tranquilamente.

4. Guarda os papeis dentro do bau da tia Maria.

5. Eu vou para o Piaui porque gosto de lugares tranquilos.

6. Ontem o João não pode vir mas ele cre que pode vir hoje.

7. É ruim ter ciume de alguem frequentemente.

8. O superhomem é um heroi que voa por aí procurando problemas para resolver.

9. A patroa quer que os empregados deem dez horas de trabalho por dia.

10. O carro enguiçou em consequencia do temporal que caiu na cidade.

11. Encontrei o Paulo na saida do Teatro Gaucho.

12. O chofer e os mecânicos veem o que não está em ordem no carro.

V. PROCURA-SE UM AMIGO

Carta aberta: escreva uma carta procurando um amigo. Vocabulário sugerido: *humano, sentimento, amor, sentir falta, ideal, pessoa, solitário, simples, sonho, realidade, etc.*

A quem possa interessar: _____

Estou procurando ..._____

_____

_____

_____

_____

_____

_____

_____

_____

_____

_____

_____

_____

_____

_____

VI. DIMINUTIVO E AUMENTATIVO

A. O que é, o que é?

1. Uma porta pequena é uma *portinha*.

2. Um sapato pequeno é um _____ sapatinho

3. Uma flor pequena é uma _____ florzinho

4. Um pé pequeno é um _____ pézinho

5. Uma faca pequena é uma _____ faquinha

6. Um jogo pequeno é um _____ joguinho

7. Um laço pequeno é um _____ lacinho

8. Um trem pequeno é um ___trezinho___

9. Dois anéis pequenos são dois ___anéizinhos___

10. Duas irmãs pequenas são duas ___irmazinhas___

B. **Conversinhas**. Escreva o diminutivo das palavras entre parênteses.

1. No telefone.

— Oi, (bem) *benzinho*! Você pode me fazer um (favor)___favorzinho___?

— O que é que você quer (Zé)___Zézinho___?

— Quando você vier da faculdade, passe na padaria e traga dois (pães) ___pãezinhos___ bem

(frescos) ___fresquinhos___ e (quentes) ___quentinhos___.

— 'Tá bem! Até (logo)___loguinho___.

2. O genrinho chato.

— (Teresa) _____! Quero falar com você (agora) _____

mesmo.

— Um (minuto) _____ só, (mãe) _____! Estou acabando

de me vestir.

— Não demore! Quero ter um (conversa) _____ com você.

— Aqui estou! Algum problema?

— Minha (filha) _____, o que aconteceu entre você e o (Marcos)

_____?

— Uma (briga) _____ sem importância. Ele está tão chato

_____ ultimamente. Ele lhe contou?

— Você deveria ser (boa) _____ com ele. Ele é muito legal e um genro

muito (bom) _____.

C. **Na minha opinião!** Escreva o aumentativo das palavras entre parênteses.

1. A Sonia Braga é (bonita) *bonitona*.

2. Aquele cantor é (gordo) _gordão_

3. O King Kong é (grande) _grandão_

4. O tubarão é um (peixe) _peixão_

5. A girafa tem um (pescoço) _pescoção_

6. O gigante tem um (pé) _pézão_

7. O monstro tem duas (mãos) _mãozonas_

8. Pelé tem dois (carros) _carrões_

D. **Conversa de Lobo Mau!** Use o aumentativo das palavras entre parênteses.

Chapeuzinho Vermelho: Vovó, vovozinha, para que essa (cabeça) *cabeçona* tão (grande)

_____?

Lobo Mau: É para melhor pensar em você, minha netinha.

Chapeuzinho Vermelho: E para que é esse (olho) _____ tão grande, vovó?

Lobo Mau: É para melhor te olhar, minha netinha.

Chapeuzinho Vermelho: Vovó, para que são estas (orelhas) _____?

Lobo Mau: Minha queridinha, são para melhor te escutar.

Chapeuzinho Vermelho: Vovozinha, e esses (braços) _____ tão gigantes?

Lobo Mau: São para melhor te abraçar, minha netinha.

Chapeuzinho Vermelho: E essas (mãos) _____ tão grandes?

Lobo Mau: São para melhor te agarrar, meu anjinho.

Chapeuzinho Vermelho: E esse (nariz) _____ tão grande?

Lobo Mau: É para melhor te cheirar.

Chapeuzinho Vermelho: E essa (boca) _____ com esses (dentes)

_____, vó? Para que são?

Lobo Mau: Ah! Você quer mesmo saber? São para te comer! Ah! Ah! Ah!

VII. FESTAS JUNINAS

B. Redação:

"A minha festa tradicional favorita."

Use como guia as perguntas da entrevista do **Ponto de Encontro** da p. 580.

_____

_____

_____

_____

_____

_____

_____

_____

_____

_____

_____

_____

_____

_____

_____

_____

_____

_____

_____

PARTE II

I. "LINDA, BOA, EXCELENTE, MAGNÍFICA"

LINDA, BOA, EXCELENTE, MAGNÍFICA.
O PATRIMÔNIO CULTURAL DA HUMANIDADE NA VOZ DO POVO.

Quando a UNESCO, no dia 7 de dezembro, decidiu inscrever Brasília como Patrimônio Cultural da Humanidade, estava divulgando para o mundo que o sonho de uma cidade singular existe no planalto central do Brasil. E o brasiliense tem consciência disso. Em pesquisa realizada pela empresa Vox Populi, a grande maioria dos entrevistados exalta a inscrição de Brasília como Patrimônio Cultural. Entre os moradores do Plano Piloto e das Cidades-Satélites, existe uma clara noção de que Brasília é única no mundo. Que não existe neste século, em nenhum outro lugar, uma obra do mesmo porte. Convidados a definir Brasília numa só palavra, mais de oitenta por cento dos entrevistados utilizaram adjetivos que

BRASÍLIA

UNESCO   DEZEMBRO/87

CAPITAL DE TODOS
PATRIMÔNIO CULTURAL DA HUMANIDADE
NOVA REPÚBLICA/PRESIDENTE JOSÉ SARNEY
GOVERNO JOSÉ APARECIDO

fariam a felicidade das melhores cidades do mundo: linda, boa, excelente, magnífica, esperança. Apenas 0,5 por cento dos entrevistados se referiram a Brasília de forma negativa. Com resultados tão favoráveis à cidade e à sua inscrição como Patrimônio Cultural da Humanidade, Brasília já enxerga longe o seu futuro. Muito menos pela inscrição e mais pela própria consciência do brasiliense e de todo o povo brasileiro. A consciência de que o plano original de Brasília não impede a dinâmica do seu crescimento e preserva o modelo urbanístico e arquitetônico de uma cidade que, se para nós é uma realidade, continuará como sonho para os aglomerados humanos de nosso tempo.

1. Que acontecimento importante para Brasília ocorreu no dia 7 de dezembro? _____

_____

2. Quem nasce no Rio de Janeiro é carioca, em São Paulo é paulista e no Espírito Santo é

capixaba. Como se chama a pessoa que nasce em Brasília? _____

_____

3. Por que os moradores de Brasília acham que ela é única no mundo? _____

_____

_____

4. Todos os entrevistados pela Vox Populi se referiram a Brasília de forma positiva?

_____

5. Por que o plano de Brasília é positiva para o futuro da cidade? _____

_____

_____

6. O que ele preserva? _____

II. "É SÓ ORGANIZAR AS PALAVRAS" -- REVISÃO DOS TEMPOS VERBAIS

A. **A minha vida presente.** Escreva uma redação sobre a sua vida presente: estudos, onde reside, com quem mora, trabalho, passatempos, etc.

morar   ter   estar   ser

pensar

correr

assitir

sobre - above

sob - below

_____

_____

_____

B. **Objeto voador não identificado.** Complete o diálogo:

Delegado — Entre. Sente-se, por favor. O que aconteceu?

Moça — _____

Delegado — Calma! Você está muito nervosa. Fale com clareza pois não tenho idéia do que você está falando. O que você viu mesmo?

Moça — _____

Delegado — Talvez fosse um avião, um helicóptero, ou um balão!

Moça — _____

Delegado — Espere aí! Deixe-me pensar melhor. Você diz que viu um objeto estranho parado no céu com uma luz grande. De que cor era a luz? Explique melhor.

Moça — _____

Delegado — E onde você estava? Havia alguém com você? Que horas eram?

Moça — _____

Delegado — Não posso lhe dizer se era um disco voador ou outro objeto não identificado. Quanto tempo durou esse fenômeno? Como essa luz desapareceu?

Moça — _____

Delegado — Tomei nota de tudo. Vou verificar se alguém mais viu esse objeto. Acalme-se e vá para casa.

C. **A minha vida há dez anos atrás.** Escreva uma redação sobre a sua vida há dez anos. O que você fazia, onde morava, onde estudava, como se divertia, etc.

Eu morei em Nashville.

Eu estudei tocar de violino

Eu estudei French

_____

_____

_____

_____

_____

_____

_____

_____

_____

_____

_____

_____

D. **Achados e Perdidos!** Você perdeu a sua mala e colocou o anúncio abaixo no jornal. Em seguida você foi à polícia notificar o caso. Escreva a entrevista que você teve com o policial. Dê a ele todos os detalhes possíveis da mala e das circunstâncias em que ela foi perdida.

MALA DESAPARECIDA

Desapareceu do Aeroporto Santos Dumont uma mala de couro, cor de vinho, tamanho médio. A mala tem as iniciais N. P. e contém roupas, artigos de uso pessoal, e uma pequena caixa de jóias. Pede-se a quem a encontrou, telefonar para 742-1282. Gratifica-se bem.

Policial — _____

Você — _____

Policial — _____

Você — _____

Policial — _____

Você — _____

Policial — _____

Você   — _____

Policial   — _____

E. **A minha vida daqui a 10 anos.** Escreva uma redação descrevendo a sua vida daqui a dez anos: como será, onde estará morando, o que estará fazendo, etc.

_____ democracia _____
_____ destroçar _____
___ Eu destroçarei communism, liberalism, terraism, ___
_ e fome do mundo. _____
___ Eu establecerei democracia todo o mundo. _____
_____
_____
_____
_____
_____
_____
_____
_____
_____

III. "AMIGOS", LUÍS FERNANDO VERÍSSIMO

Escreva um resumo da leitura "Amigos" usando os verbos indicados nas formas apropriadas:

Fazia uns vinte anos que os dois amigos não se (ver) _____. Um dia, andando

pela rua, os dois amigos se (cruzar) _____ mas de início, não se (reconhecer)

_____. Não (ter) _____ andado muito quando de repente, e ao

mesmo tempo, os dois se (virar) _____ e se (reconhecer) _____.

Os dois amigos (correr) _____ e se (abraçar) _____ afetuosa-

mente. (ser) _____ um sentimento de muita alegria para ambos. Eles se

(olhar) _____ e (passar) _____ a fazer comentários um sobre o

outro. Enquanto o primeiro (dizer) _____ que o amigo (estar) _____

careca, o segundo (falar) _____ que o outro (ter) _____ a barri-

ga grande. Agora (ser) _____ a vez do primeiro dizer que o amigo (estar)

_____ cheio de rugas e o segundo (contestar) _____ dizendo

que o outro não (ver) _____ direito por causa da idade. No início, eles não (dar)

_____ importância aos comentários um do outro. Aos poucos, ambos (ser)

_____ ficando com raiva e os insultos (aumentar) _____ mais e mais.

A situação se (tornar) _____ insuportável e, no final, os dois amigos se (separar)

_____ furiosos e (ficar) _____ inimigos para o resto da vida.

IV. ONDE VOCÊ ESTUDA?

A. **Eu sei o que significa!** Combine a coluna A com a coluna B:

	A		B
( )	1. onde você procura trabalho	a.	primeiro grau
( )	2. curso que você faz para ser advogado	b.	ser reprovado, levar bomba
( )	3. curso primário	c.	bolsa de estudos
( )	4. não passar no exame	d.	agência de empregos
( )	5. copiar do exame de um colega ou de um livro	e.	festa de formatura
		f.	Direito
( )	6. quando o seu orientador pode vê-lo	g.	calouro
( )	7. o que você recebe para pagar seus estudos	h.	estágio
( )	8. celebração do término dos seus estudos	i.	horas de atendimento
		j.	colar

( ) 9. você está no primeiro ano da faculdade

( ) 10. treinamento para um trabalho

B. **Eu sei as definições:**

1. Desempregado. Ex.: *Pessoa que não tem emprego.*

2. Aposentado _____

3. Salário mínimo _____

4. Gerente _____

5. Empresa _____

6. Currículo _____

7. Tempo integral _____

8. Carga horária _____

9. Folga _____

10. Greve _____

C. **Você entende de anúncios?** Leia os anúncios abaixo e responda às perguntas:

CAVALHEIRO OFERECE-SE

Português naturalizado, Ex. Oficial Aviador, branco, vindo de Angola, nível universitário, falando diversas línguas, meia idade, mas em plena atividade e saúde, mais de 30 anos em serviços de Segurança Internacional.
A melhor apresentação, o mais fino trato, com cultura muito acima do comum e outros dons.
Procura trabalho compatível em casa de família e ou firma como: GERENTE, DIRETOR, SECRETÁRIO, SERVIÇO DE SEGURANÇA, ETC. Proposta pelo Fone: 950-9151

SECRETÁRIA EXECUTIVA

Empresa de grande porte necessita admitir secretária:
A empresa exige:
1.ª) Boa redação
2.ª) Boa aparência
3.ª) Experiência de no mínimo 5 anos comprovada em carteira.
A empresa oferece:
1.ª) Assistência médica privada.
2.ª) Salário compatível ao cargo/função.
3.ª) Ótimo ambiente de trabalho.
Enviar curriculum vitae para portaria deste jornal com o título Secretária Executiva.

1. Qual é o anúncio que solicita emprego? _____

   _____

2. Qual é o que oferece emprego? _____

   _____

3. Que tipo de empregado a empresa procura ? _____

   _____

4. Que tipo de trabalho é oferecido? _____

   _____

5. Que benefícios a empresa oferece? _____

   _____

6. Quais as qualificações da pessoa que está oferecendo trabalho? _____

   _____

7. Quais são os requisitos que o candidato ao emprego da empresa deve ter? _____

   _____

8. Você daria o emprego ao cavalheiro? Você se candidataria ao emprego da empresa?

   Justifique a sua resposta. _____

   _____

D. **Uma entrevista: Complete a entrevista abaixo:**

Situação: Você está sendo entrevistado para uma posição de fotógrafo para a revista *VEJA*.

Gerente: Como você soube que estamos precisando de um fotógrafo?

Você: _____

Gerente: Bem, vejo que você tem alguma experiência. Quais as suas qualificações?

Você: _____

Gerente: Você está disposto a viajar? A nossa organização exige que nossos fotógrafos viagem sempre que for necessário cobrir acontecimentos em qualquer parte do país e do exterior.

Você: _____

Gerente: De fato, saber línguas estrangeiras é uma vantagem para essa posição. Onde você se formou e que cursos fez?

Você: _____

Gerente: Bem, alguns dos benefícios são: férias anuais remuneradas, um dia de folga por semana e assistência médica. Que salário você está pedindo?

Você: _____

Gerente: Você tem mais alguma pergunta? Prefiro que o candidato se sinta à vontade e procure se informar sobre a nossa empresa.

Você: _____

Gerente: Vou estudar o seu currículo com mais cuidado e telefonarei para você daqui a sete dias.

E. **"Um bom currículo, um bom começo"**. Leia o artigo abaixo e o "Currículo 1" e escreva o seu próprio *curriculum vitae*, seguindo o modelo.

UM BOM CURRÍCULO, UM BOM COMEÇO

Se você quer trabalhar, um currículo bem-feito é fundamental. Consultamos vários especialistas em Recursos Humanos que ensinam como fazer.

Identificação: *aí deve constar seu nome, endereço, data de nascimento, estado civil, número de filhos e telefone.*

Objetivo: *descreva a função ou área em que pretende trabalhar.*

Qualificações: *faça uma relação das principais atividades que já exerceu. Descreva suas responsabilidades nos empregos anteriores. Número de subordinados e a que nível hierárquico estava subordinada.*

Experiências profissionais: *aqui você deve fazer uma relação comple-ta das empresas onde trabalhou e o período. (Não conte o motivo de sua saída. É um gancho para conversa durante a entrevista.) Se teve promoções nos empregos, descreva o cargo inicial e o último. Por fim, enumere as empresas.*

Formação acadêmica: *coloque apenas a última formação, por exemplo, curso superior e cursos técnicos que tenham alguma importância para a função que você pretende desempenhar. Não esqueça de escrever o nome da escola em que você se formou.*

Cursos extracurriculares: *cite os cursos de especialização que podem ser úteis na função pretendida. Não esqueça de assinar e de colocar a data. Procure ocupar no máximo três folhas.*

Currículo 1

Jane Azevedo (r. Paris, 3278, tel. 222-2222), Arara-quara, São Paulo.
R.G. n.º 6.504.840.
Carteira Profissional n.º 144.004.
Idade: 18 anos (10 de fevereiro de 1969)
Objetivo:
Ser monitora de acampa-mento ABC para iniciar-se na carreira de educadora.
Experiência profissional
1984 - Voluntária no Parque Infantil Maria Carlota, da Prefeitura de Araraquara.
1985 - Baby-sitter durante dez meses.
Experiência em acampamento
1976 a 1979 - Freqüentou o Acampamento ABC.
Habilidades
Certificado de salva-vidas; prática em patinação; toca violão.
Atividades
1983 até hoje - Nadadora da equipe principal da escola.
1985 a 1986 - Repórter do jornal da escola.
Hobbys
Canoagem, teatro, leitura.
Escolaridade
Pré-vestibular para Pedagogia.

---

estado civil
   married/single
folha sheet of paper
gancho hook
nível hierárquico
   employment level

constar appear
curso superior university
   /**técnico** vocational ed.
   /**de especialização** technical training
desempenhar carry out

CURRICULUM VITAE

1. Dados Pessoais:

   Nome _____

   Endereço _____

   Telefone _____

2. Formação Acadêmica:

   Escola _____

   Data _____

   Curso _____

   Diploma _____

3. Qualificações:

   _____

   _____

   _____

   _____

4. Experiência Profissional:

   Empresa _____

   Data _____

   Cargo exercido _____

5. Atividades:

   _____

   _____

   _____

6. Outras Informações:

   _____

   _____

7. Referências:

_____

_____

_____

_____

F. **Uma carta solicitando emprego.**Escreva uma carta solicitanto emprego em resposta a um dos anúncios na página 600 do nosso texto. Use os dados do seu *curriculum vitae* acima para acompanhar a carta. Siga os modelos das páginas 602-603 do texto.

Data _____

_____

_____

_____

_____

_____

_____

_____

_____

_____

_____

_____

_____

_____

_____

_____

_____

G. **A Faculdade de Comunicação Social Cásper.** Baseando-se no quadro abaixo, escreva uma redação sobre a Faculdade de Comunicação Social Cásper.

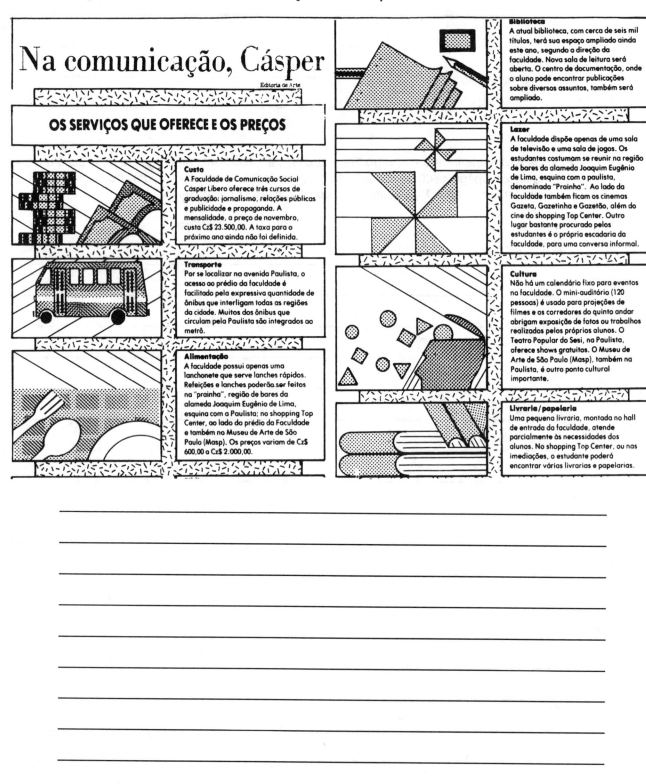

Na comunicação, Cásper

Editoria de Arte

OS SERVIÇOS QUE OFERECE E OS PREÇOS

Custo
A Faculdade de Comunicação Social Cásper Líbero oferece três cursos de graduação: jornalismo, relações públicas e publicidade e propaganda. A mensalidade, a preço de novembro, custa Cz$ 23.500,00. A taxa para o próximo ano ainda não foi definida.

Transporte
Por se localizar na avenida Paulista, o acesso ao prédio da faculdade é facilitado pela expressiva quantidade de ônibus que interligam todas as regiões da cidade. Muitos dos ônibus que circulam pela Paulista são integrados ao metrô.

Alimentação
A faculdade possui apenas uma lanchonete que serve lanches rápidos. Refeições e lanches poderão ser feitos na "prainha", região de bares da alameda Joaquim Eugênio de Lima, esquina com a Paulista; no shopping Top Center, ao lado do prédio da Faculdade e também no Museu de Arte de São Paulo (Masp). Os preços variam de Cz$ 600,00 a Cz$ 2.000,00.

Biblioteca
A atual biblioteca, com cerca de seis mil títulos, terá sua espaço ampliado ainda este ano, segundo a direção da faculdade. Nova sala de leitura será aberta. O centro de documentação, onde o aluno pode encontrar publicações sobre diversos assuntos, também será ampliado.

Lazer
A faculdade dispõe apenas de uma sala de televisão e uma sala de jogos. Os estudantes costumam se reunir na região de bares da alameda Joaquim Eugênio de Lima, esquina com a paulista, denominada "Prainha". Ao lado da faculdade também ficam os cinemas Gazeta, Gazetinha e Gazetão, além do cine do shopping Top Center. Outro lugar bastante procurado pelos estudantes é a própria escadaria da faculdade, para uma conversa informal.

Cultura
Não há um calendário fixo para eventos na faculdade. O mini-auditório (120 pessoas) é usado para projeções de filmes e os corredores do quinto andar abrigam exposição de fotos ou trabalhos realizados pelos próprios alunos. O Teatro Popular do Sesi, na Paulista, oferece shows gratuitos. O Museu de Arte de São Paulo (Masp), também na Paulista, é outro ponto cultural importante.

Livraria / papelaria
Uma pequena livraria, montada no hall de entrada da faculdade, atende parcialmente às necessidades dos alunos. No shopping Top Center, ou nas imediações, o estudante poderá encontrar várias livrarias e papelarias.

_____

_____

_____

_____

H. **A minha faculdade.** Escreva uma redação sobre a sua faculdade informando sobre custos, tipos de cursos oferecidos, ajuda financeira, orientação acadêmica e profissional, qualidade da biblioteca, instalações para esporte, habitação, etc.

_____

_____

_____

_____

_____

_____

_____

_____

_____

_____

_____

_____

_____

_____

_____

UNIDADE 11

O SUL DO BRASIL

I. APRESENTAÇÃO.

Escreva um parágrafo sobre a Região Sul. Use o seguinte vocabulário: *gaúcho, estância, gado, Curitiba, imigrante, cavalo, erva-mate, churrasco, vinho, chimarrão, Porto Alegre.*

_____

_____

_____

_____

_____

_____

_____

_____

_____

_____

_____

_____

_____

_____

_____

II. UMA ESTÂNCIA GAÚCHA

Se você já visitou uma estância, escreva sobre suas experiências. Se não, imagine que isso aconteceu. Quem você conheceu? O que viu? O que fez lá? Descreva os animais e a comida.

_____

_____

_____

_____

_____

_____

_____

_____

_____

_____

_____

_____

_____

_____

_____

_____

_____

_____

III. O LAZER

A. **O vocabulário apropriado.** Preencha os espaços com palavras da lista abaixo. Use cada palavra somente uma vez.

quadros	fita cassette	acampar	baralho *carts*
time	ao ar livre *outdoors*	convidar	viagem
equipe	ingresso *ticket for concert or movie*	ler um livro	grátis
estádio	diversão *diversion, pastime*	alugar	fila
churrascaria	comer fora	boliche	*Peça - a play*
dar um passeio *take a stroll*			

cartoon - *P*
locadora - video store

1. Muitas pessoas acham que praticar esportes é uma ótima forma de ___diversão___.

2. Para outras pessoas, um bom passatempo é ___dar um passeio___ pelo jardim botânico.

3. Muita gente gosta de jogar ___baralho___ nas noites de chuva.

4. O bom torcedor não deve ficar com raiva quando o seu ___time___ perde o

    jogo.

5. Algumas pessoas preferem atividades ___ao ar livre___ do que dentro de casa.

6. Eu _____ vídeos numa locadora perto da minha casa.

7. Se uma pessoa dispõe de tempo e dinheiro, fazer uma ___viagem___ é de fato uma

    boa diversão?

8. Muita gente não pode ver uma boa _____ de teatro porque custa muito

    caro.

9. Há pessoas que desistem de ver um filme quando a _____ está muito

    longa.

10. Para muitas famílias ___comer fora___ é o melhor lazer.   *lazer = leisure*

11. Se uma pessoa não tem muito dinheiro, as formas de lazer ___ler um livro___, como ir

    à praia ou _____ no parque são muito recomendáveis.

12. Pra muitos, assistir a um jogo de futebol no _____ é mais emocionante do

    que na T.V.

B. Filmes -- Sinopse. Veja como você pode descrever o enredo de um filme em poucas palavras!

FILMES	SINOPSE
UM PEQUENO ROMANCE (A Little Romance) EUA, 1979, cor, 110'. De George Roy Hill. Com Laurence Olivier e Diane Lane.	Romance. Em Paris, rica menina americana e pobre garoto francês se apaixonam protegidos por velho ladrão.
UM TIRA DA PESADA (Beverly Hills Cop) EUA, 1984, cor, 104'. De Martin Brest. Com Eddie Murphy e John Ashton.	Policial. Tira negro de Detroit vai a um bairro chique de Los Angeles investigar a morte de um velho amigo. Inédito.
A GANG DOS DOBERMANS (The Doberman Gang) EUA, 1972, cor, 87'. De Byron Chudnow. Com Byron Mabe e Hal Reed.	Cachorrada. Ladrão treina cães doberman para um assalto a banco. Este filme é tão ruim que gerou duas seqüências.
VIVENDO NA CORDA BAMBA (Blue Collar) EUA, 1978, cor, 110'. De Paul Schrader. Com Richard Pryor e Harvey Keitel.	Criminal. Três operários chantageiam seu sindicato com documentos comprometedores mas se dão mal. Legendado.
NEGÓCIOS DA MÁFIA (Our Family Business) EUA, 1981, cor, 156'. De Robert Collins. Com Ted Danson e Sam Wanamaker.	Criminal. Bandidão sai da cadeia e reúne sua família num plano de vingança contra a Máfia.
FELIZES PARA SEMPRE (C'Era Una Volta) Itália e França, 1966, cor, 101'. De Francesco Rossi. Com Sophia Loren.	Fantasia romântica. Em busca da mulher ideal, príncipe pede a camponesa que faça uns pães mágicos. Daí nasce o amor.
A PERSEGUIÇÃO DE COOPER (The Pursuit of D.B. Cooper) EUA, 1981, cor, 100'. De Roger Spottiswoode. Com Robert Duvall.	Comédia policial. Veterano do Vietnam dá um golpe de US$ 200 mil mas é perseguido por seus ex-colegas.
PARECE QUE FOI ONTEM (Seems Like Old Times) EUA, 1980, cor, 101'. De Jay Sandrich. Com Goldie Hawn e Chevy Chase.	Comédia. Advogada casada com promotor público recebe a visita do ex-marido que anda as voltas com a justiça.
NINGUÉM SEGURA ESSAS MULHERES. Brasil, 1976, cor, 90'. De Anselmo Duarte e outros. Com Miele e grande elenco.	Comédia em episódios. Quatro histórias de amor, sexo e infidelidade conjugal. Atenção para o episódio O Furo.
SÓ O CASAMENTO NOS SEPARA (The Marriage of a Young Stockbroker) EUA, 1971, cor, 93'. De Lawrence Turman.	Comédia conjugal. Richard Benjamin interpreta um marido com tendências de "voyeur" que arruinam seu casamento.
KRAMER VS KRAMER (idem) EUA, 1979, cor, 104'. De Robert Benton. Com Dustin Hoffman, Justin Henry e Meryl Streep.	Drama familiar. Casal se separa e o marido descobre as responsabilidades e alegrias de criar um filho sozinho.
O PISTOLEIRO SEM DESTINO (The Hired Hand) EUA, 1971, cor, 93'. De Peter Fonda. Com Peter Fonda e Warren Oates.	Faroeste. Dois pistoleiros buscam vingar a morte de um amigo, assassinado por ladrões de cavalo.
CIDADE NUA (Naked City) EUA, 1948, P&B, 95'. De Jules Dassin. Com Barry Fitzgerald, Howard Duff e Don Taylor.	Policial. O cotidiano de uma delegacia de Nova Iorque durante uma investigação de assassinato. Um clássico!

Seguindo o modelo acima, escreva uma sinopse para cinco filmes da sua escolha:

1. Filme _____

    Sinopse _____

    _____

    _____

2. Filme _____

    Sinopse _____

    _____

    _____

3. Filme _____

Sinopse _____

_____

_____

4.   Filme _____

Sinopse _____

_____

_____

5.   Filme _____

Sinopse _____

_____

_____

C. **História em quadrinhos.** Para muitas pessoas, ler histórias em quadrinhos é um ótimo passatempo. Baseando-se nos quadrinhos abaixo, componha uma redação e dê um título a ela.

D. "Não me despertes se estou sonhando"

Não me despertes se estou sonhando

Existe Ana Maria que é chamada Menina. Seu Alfredo e D. Marta que são os pais. Tem também a Filomena que é a empregada. Mas todos estão sempre muito ocupados, tão ocupados que jamais têm tempo pra Menina. E por isso ela caiu em tristeza, vive tão só, coitada... E por que não? Então as crianças também não podem ficar tristes?

"Por trás deste mundo há um outro mundo". Por trás do lugar já trilhado de pais ocupados e crianças querendo atenção há uma escritura, um universo de criação que se chama A Menina das Bolhinhas de Sabão.

"Não sei por que ela se chama Ana Maria, mas a verdade é que ela se chama Ana Maria, embora todo mundo em sua casa a trate por Menina". Esse é o período introdutório do livro e pelo qual já nos sentimos no limiar de uma atmosfera ficcional quase definitiva.

E Ana Maria um dia, de tanta solidão, de tanta desatenção, entrou numa bolha de sabão e foi viajar como sempre quisera, mas não podia porque o seu pai tinha sempre alguma coisa pra fazer nas férias. Ela descobriu então que podia! Entrou na bolha e planou suavemente até um bosque verdejante e conversou amigavelmente com uma criatura estranha e simpática. Agora sempre que estava triste podia voar, fazer pedidos, sair da tristeza.

"Por trás deste mundo há um outro mundo", o mundo da imaginação. E aqui a lição desse livro para jovens e crianças: a imaginação é uma força incrível. Ela nos faz voar! E então já não sabemos o que é sonho ou realidade, pois o mundo é como o olhamos, tudo é uma questão de sentimento, as coisas e as situações mudam de acordo com a nossa maneira de senti-las.

Numa época em que pensar é uma dor indizível e um tanto peculiar aos intelectuais, e a fantasia um atributo esdrúxulo dos artistas, o livro de Antônio Hohlfeldt, esse gaúcho de Porto Alegre, convoca nossas mentes ao arrebatamento e devaneios como força de libertação do quotidiano, como superação dos problemas reais.

Hildécio Pereira

A MENINA
DAS BOLHINHAS
DE SABÃO
ANTÔNIO HOHLFELDT

Desenhos EVA FURNARI

FTD   Coleção TERCEIRAS HISTÓRIAS

Autores e editoras devem enviar os livros para a redação do Suplemento Literário do MINAS GERAIS, Av. Augusto de Lima, 270, CEP. 30.190 Belo Horizonte-MG

A. **Ficha de leitura.**

1. Preencha a ficha de leitura abaixo, com as informações da resenha de *A Menina das Bolhinhas de Sabão*.

   a. Título do livro: _____

b. Nome do autor: _____

2. Quem são os personagens do livro? _____

_____

3. Para que tipo de leitor ele foi escrito? _____

_____

4. Escreva um parágrafo sobre o enredo do livro: _____

_____

_____

_____

_____

_____

_____

5. Qual a opinião de Hildécio Pereira sobre o livro?

_____

_____

_____

_____

_____

_____

B. A minha resenha ou crítica pessoal. Escreva uma pequena resenha de um livro que você leu.
    Inclua: personagens, título, autor, resumo do enredo e a sua opinião sobre o livro. Dê um
    título à sua resenha.

_____

_____

_____

_____

_____

_____

_____

_____

_____

_____

_____

_____

_____

_____

IV. TEMPOS COMPOSTOS

A. Sentimentos de alegria e tristeza!

1. Não consegui o emprego na faculdade. *Sinto muito que você não tenha conseguido o emprego na faculdade.*

2. O meu irmão sofreu um acidente de moto. Que pena que _____

    _____

3. Mamãe caiu e quebrou o pé. Sinto muito que _____

    _____

4. O meu time ganhou o campeonato. É fantástico que _____

    _____

5. O meu cachorro se perdeu. É uma pena que _____

    _____

6. Eu passei no exame vestibular. Estou contente que _____

_____

7. Fui ver um filme brasileiro ontem de noite. Que legal que _____

_____

B. **Vida no pensionato**. Complete a carta abaixo usando os verbos indicados nos tempos compostos do indicativo e do subjuntivo.

Cara Lisa:

   Espero que você ___tenha___ ___recebedo___ (ter - receber) a minha última carta. Eu não ___tenha___ ___escrito___ (ter - escrever) ultimamente por falta de tempo. A vida no pensionato continua sem grandes problemas. É mesmo bom que eu ___tenha___ ___decidido___ (ter - decidir) vir morar aqui. Penso que eu não estaria tão feliz se eu ___tivesse___ ___alugado___ (ter - alugar) um apartamento ou ___tivesse___ ___ido___ (ter - ir) morar com uma família. Não há dúvida de que os pensionatos ___têm___ ___sido___ (ter - ser) uma grande opção para as pessoas que vêm de fora e não têm onde morar. Como você sabe, este é um pensionato mixto e eu ___tenho___ ___feito___ (ter - fazer) bons amigos entre os rapazes e as moças que moram aqui. Não (ter - ser) ___tenho___ ___sido___ muito fácil para mim seguir todas as regras da casa, como por exemplo, não poder receber visitas no quarto. Se você ___tivesse___ ___vindo___ (ter - vir) para cá você teria gostado também.

   Como vai a sua moto? Se o papai me ___tivesse___ ___dado___ (ter - dar) dinheiro eu teria comprado um carro pois estou cansado de andar pé e de pedir carona aos colegas. Até o fim do ano talvez eu ___tenha___ ___economizado___ (ter - economizar) bastante dinheiro para comprar um carro e lhe fazer uma visita.

                                                        Até a próxima,

                                                        Antônio José

V. INFINITO PESSOAL

A. **Que diferença!** Reescreva as frases abaixo tirando a palavra *que*.   Use os verbos no infinito e veja que diferença!

1. É melhor que vocês cheguem cedo! *É melhor vocês chegarem cedo.*

2. Foi bom que você viesse comigo. _____

_____

3. Vou sair cedo para que você possa terminar a tarefa. _____

_____

4. Convém que nós sejamos mais generosos. _____

_____

5. É necessário que eu me divirta mais. _____

_____

6. É aconselhável que vocês assistam esse filme. _____

_____

7. João pediu para que nós jantássemos com ele. _____

_____

8. Ricardo saiu de casa sem que seus pais vissem. _____

_____

9. Diga para os seus amigos que esperem aqui. _____

_____

10. É bom que vocês vão com ela. _____

_____

B. **Uma reunião chata!** Complete a conversinha com as formas apropriadas do infinito.

Rogério   — É melhor nós _____ (ir) agora!

Lisa   —— Está cedo ainda! Você não está gostando da reunião? Lembre de que foi o

Dr. Pompeu e a esposa que pediram para nós _____ (vir).

Rogério   —— Será que a gente não podia sair sem eles nos _____ (ver)?

Lisa   —— Acho horrível nós _____ (sair) dessa maneira.

Rogério   —— É muito pior nós _____ (ficar) nessa reunião tão chata!

Lisa   ——Estou pedindo para você _____ (ficar) por mais meia hora.

Prometo que depois de nós _____ (falar) com os donos da

casa iremos embora.

Rogério   —— É bom eles não _____ (insistir) para nós _____ (ficar)

mais tempo.

VI. AUTOBIOGRAFIA

Imagine que você é o autor da autobiografia que segue e responda às perguntas.

"Aos 17 anos, tudo o que eu queria parecia distante e irreal. A minha cabeça andava a mil, cheia de planos para o futuro. Por isso mesmo, acho que a minha adolescência não foi igual à dos outros garotos. Meus amigos viviam insistindo para que eu fosse a discotecas e barzinhos. Até ia, mas bem menos do que eles. Naquela época eu já corria de kart e, pra mim, não havia programa mais legal do que ir ao kartódromo. Nem sei como pude ser considerado bom aluno, pois a escola também ficou em segundo plano — perdia muitas aulas e detestava ler. Tudo o que envolvia velocidade exercia forte fascínio sobre mim. E sempre foi assim. Quando tinha 4 anos, ganhei um kart do meu pai.

Aliás, o incentivo que tive por parte da família foi fundamental para a minha profissionalização. Acho que muito do que sou hoje devo à minha família. Me considero uma pessoa de sorte, porque recebi dela todo o apoio e compreensão para me dedicar integralmente aos meus projetos. Eu morava com meus pais numa casa bastante agradável, em São Paulo. As paredes do meu quarto eram cobertas de posters do Niki Lauda, o meu ídolo. E eu passava horas ali, sonhando em um dia ser piloto de Fórmula 1. Quando não estava envolvido com o kart, curtia pegar uma praia, praticar esqui aquático (meu esporte preferido) e ir ao cinema saborear uma boa comédia.

Além de sonhador, eu era um rapaz muito tímido. Tinha amigos, mas eram poucos. Me relacionava com algumas pessoas do colégio, do clube e com o pessoal envolvido com kart. Entre eles eu me soltava, era eu mesmo e tinha um enorme senso de humor. Bastava chegar gente estranha, e eu me fechava. Namoradas? É claro que tive. E sempre tem aquela que a gente não esquece... A primeira paixão é coisa muito especial. E foi bem nessa época que pintou. O namoro era delicioso, tudo muito romântico e com sabor de pecado. Quando lembro dos meus 17 anos, me vêm à cabeça dois acontecimentos muito importantes: essa namorada, que realmente abalou as estruturas, e o vice-campeonato de kart que ganhei, e que considero como o grande impulso para eu ter seguido a carreira automobilística. A cada dia que passa me sinto mais próximo daquilo que aos 17 anos parecia ser um sonho quase impossível: ser campeão de Fórmula 1. Me sinto seguro e maduro, mas ainda preservo muito daquele moleque tímido..."

andar a mil a mile a minute

apoio support

kart go-cart

moleque kid

pegar uma praia go to the beach

pintar appear (slang)

saborear enjoy

A. **Aos 17 anos.**

   1. Qual é a sua profissão? _____

     _____

   2. Você é homem ou mulher? Qual é o seu nome? _____

     _____

   3. Por que a sua adolescência foi diferente da dos outros garotos? _____

     _____

   4. Como você se divertia naquela época? _____

     _____

   5. Descreva a sua vida escolar. _____

     _____

   6. O que era a velocidade para você? _____

     _____

   7. De onde você é? _____

     _____

   8. Como era a sua casa e o seu quarto? _____

     _____

   9. Que papel a sua família desempenhou na sua carreira? _____

     _____

  10. Como era a sua personalidade? _____

     _____

  11. Como foi a sua vida amorosa aos 17 anos? _____

     _____

  12. Naquela época você ganhou alguma corrida? _____

     _____

B. **Uma biografia.** Pesquise a vida de um dos seus heróis, artista de cinema, jogador de futebol, cantor, etc., e escreva a sua biografia. Dê um título à sua redação.

_____

_____

_____

_____

_____

_____

_____

_____

_____

_____

_____

_____

_____

VII. REGÊNCIA DOS VERBOS: A, DE, EM, PARA

A. **Entrevista com a cantora.** Complete as perguntas da entrevista abaixo, usando as preposições requeridas pelos verbos.

Repórter — Quando você começou *a cantar*?

Cantora — Eu tinha apenas 8 anos. Eu tirei o primeiro lugar num programa de calouros.

Repórter — E onde você aprendeu _____

Cantora — Nunca tomei aulas de canto mas com a ajuda da mamãe e o meu talento

consegui vencer.

Rep. — Quem ajudou você _____

Cantora — Eu gravei o primeiro disco com a ajuda do Dr. Pimenta. Ele me ouviu cantar numa festa e gostou muito de mim.

Rep. — Ouvi dizer que você está pensando _____

_____

Cantora — Os repórteres gostam de fazer fofoca. Eu não estou planejando me divorciar. O Roberto e eu estamos muito felizes.

Rep. — Por que você deixou _____

_____

Cantora — Nunca me senti feliz cantando música romântica. Eu sempre quis fazer música de protesto. Quero cantar o meu povo.

Rep. — Você vai continuar _____

_____

Cantora — Claro! É importante para a minha carreira fazer shows ao vivo. O meu público precisa me ver, né?

Rep. — Se você fosse convidado _____

_____

Cantora — E por que não? Acho que tenho talento dramático e seria uma ótima atriz.

Rep. — Por que você concordou _____

_____

Cantora — Não estou arrependida. Apareci sem roupa na revista *Ele e Ela* mas você tem que ver isso como parte da minha vida artística.

Rep. — Bem, não se chateie com essa minha última pergunta. É verdade que você acaba _____

_____

Cantora — Daqui a um mês você saberá! Tchau, tchau. Beijinhos.

B. **Eu, visto por outra pessoa.** Escreva um parágrafo sobre você mesmo, sob o ponto de vista de outra pessoa: o seu pai, a sua mãe, o seu professor, o seu namorado, o seu melhor amigo, ou outra pessoa da sua escolha.

Ex: *O Roberto é o meu filho mais velho. Ele...* _____

_____

_____

_____

_____

_____

_____

_____

_____

_____

_____

_____

_____

_____

VIII. COMO VAI DE SAÚDE?

A. **Termos médicos.** Se você souber o significado das palavras sublinhadas abaixo, você será capaz de responder às perguntas!

1. Por que nos preocupamos quando sentimos dor no peito? _____

_____

2. O que um Raio X do pulmão pode revelar? _____

_____

3. Em que ocasião da sua vida você teve que fazer um <u>exame de sangue</u>? _____

_____

4. Quais são os <u>sintomas</u> de uma <u>gripe</u>? _____

_____

5. Quando o médico <u>receita</u> um <u>xarope</u>? _____

_____

6. Mencione algo que <u>dói</u> muito. _____

_____

7. Que remédio você toma quando tem <u>enxaqueca</u>? _____

_____

8. Quando se está com o pé <u>inchado</u> é recomendado usar gelo ou água quente? _____

_____

9. Qual é a vantagem de se <u>marcar uma consulta</u> com o médico em vez de chegar sem

avisar? _____

_____

10. O que significa <u>desmaiar</u>? _____

_____

11. Para que serve a <u>anestesia</u>? _____

_____

12. O que é uma pessoa <u>hipocondríaca</u>? _____

_____

13. Qual a especialidade do:

a) pediatra _____

b) ginecologista _____

c) cardiologista _____

d) dermatologista _____

B. **O gordo e o Magro**.

O gordo e o magro

Por que o gordo é gordo? As respostas são diversas, indo do simples folclore a explicações médicas. Gordo é gordo porque nunca deixa resto de comida no prato, o que aprendeu, muitas vezes, na infância. Quando adulto, a cada refeição vem aos seus ouvidos a voz materna: "Coma tudo, não quero nem um grãozinho no prato", ou "não deixe resto de comida que é pecado". Assim, há quem diga que o gordo é gordo porque vê a comida que está a sua frente como sendo sempre a última sobre a face da terra. Quando se trata de comer, os gordos passam a viver uma espécie de ansiedade que os levaria a devorar tudo. Num círculo vicioso, muitos comem justamente quando se sentem mergulhados em crises de ansiedade.

Ainda que de fato exista o comer por ansiedade, assim como há o jejuar nessa situação, é importante o gordo, seja qual for a causa de sua gordura, entender o que se passa em seu organismo. Os gordos são gordos, regra geral, porque ingerem mais calorias do que as gastam. Uma pessoa é considerada gorda por ter excesso de calorias, não por ter excesso de peso. Armazenar mais calorias do que gastá-las pode ser comparado com um modelo de economia financeira – deve haver relação precisa entre as entradas e as saídas. Nutricionista do Hospital Bichat de Paris, Jacques Frieker realizou estudos sobre essa relação. Na verdade, tanto no obeso quanto no magro, essa relação é estável. Ocorre, no entanto, que o processo de queima

Metabolismos diferentes
Qual queimava menos calorias?

de calorias é menos eficiente nos gordos.

Cerca de 70% das calorias são consumidas pelo metabolismo basal, responsável pelas funções vitais do corpo – com o corpo em absoluto repouso. Aproximadamente 15% são gastas em atividades físicas cotidianas – atender telefone, gesticular ou andar dentro de casa. Outros 15% de calorias são queimadas no próprio momento em que se come, com a mastigação, a deglutição, digestão, absorção e guarda dos alimentos. Pesquisas demonstram que os gordos tem menos movimentos espontâneos do que os magros e isso já começa a desacelerar o processo de queima de calorias. Outro fator de destaque é que os gordos gastam menos calorias do que os magros no justo momento em que se fazem gordos – o momento de mastigar e deglutir.

1. Você sabia que o Laurel e Hardy são conhecidos no Brasil como o Gordo e o Magro? ____

_____

2. Você sabe por que uma pessoa gorda é gorda? _____

_____

3. O que é mais fácil: emagrecer ou engordar? _____

_____

4. Por que a fotografia do "Gordo e o Magro" foi usada para ilustrar este artigo?

_____

_____

5. As crianças muitas vezes são forçadas a comer tudo o que está no prato. Em muitas culturas as crianças gordas são até mesmo consideradas lindas. Quais são as possíveis conseqüências disso, no futuro?

_____

_____

6. O estado mental leva uma pessoa a comer excessivamente ou a comer muito pouco. Que elementos psicológicos explicam esse fenômeno?

_____

_____

7. Segundo o artigo, o peso de uma pessoa não indica que ela seja gorda. Como isso é

possível? _____

_____

8. Quais são os vários processos na queima de calorias e em que porcentagens eles

funcionam? _____

_____

9. Indique a ordem em que as calorias não queimadas funcionam no processo alimentício:

( ) digestão

( ) armazenamento

( ) mastigação

( ) deglutinação

10. Segundo a pesquisa, que fatores explicam a menor queima de calorias nas pessoas

gordas? _____

_____

C. Diálogo: Uma consulta médica. Complete o diálogo abaixo:

Você   —— Boa tarde. Meu nome é Nelson Pinheiro. Tenho hora marcada para as 8:15 hs.

Recepcionista —— _____

_____

Você   —— Está bem. Devo preencher a ficha com caneta ou lápis?

Rec.   —— _____

_____

Você   —— Sim, eu tenho seguro de saúde. Eu também trouxe o formulário do seguro.

Rec.   —— Sim, sou eu mesmo. É a minha vez?

Enfermeira —— _____

_____

Você   —— Eu amanheci com uma dor de garganta terrível. Não posso comer nada, mas eu não estou resfriado.

Enfermeira —— _____

_____

Médica   —— Olhe, você está com uma febre muito alta e infecção na garganta.

Você   —— _____

_____

Médica   —— Aqui está a receita de um antibiótico. Tome uma pílula de quatro em quatro horas. Quero que o senhor volte daqui a oito dias. Muito repouso, 'viu? Tem uma farmácia aqui ao lado.

Você   —— _____

_____

Médica   —— Até a próxima semana.

D. **Ficha Médica**. Preencha a sua ficha médica.

1.　　　NOME _____　　SEXO: ___ M ___ F

ENDEREÇO _____　　TELEFONE _____

PESSOA A QUEM NOTIFICAR EM CASO DE EMERGÊNCIA _____

_____

PARENTESCO _____

2. Você já teve ou tem no momento alguma das doenças ou sintomas indicados abaixo:

	SIM	NÃO		SIM	NÃO
catapora	☐	☐	náusea	☐	☐
sarampo	☐	☐	vômito	☐	☐
câncer	☐	☐	febre	☐	☐
tuberculose	☐	☐	calafrio	☐	☐
pneumonia	☐	☐	pressão alta	☐	☐
artrite	☐	☐	tosse	☐	☐
asma	☐	☐	dor de ouvido	☐	☐
diabete	☐	☐	dor de garganta	☐	☐
hepatite	☐	☐	dor de cabeça	☐	☐
anemia	☐	☐	dor de estômago	☐	☐
alergia	☐	☐	dor no peito	☐	☐
catarata	☐	☐	dor nas costas	☐	☐
doença de pele	☐	☐	dor nas pernas	☐	☐

3.　　　COMPANHIA DE SEGURO _____

NÚMERO DA APÓLICE DE SEGURO _____

ASSINATURA _____

DATA _____

IX. "SINTOMAS: AS PISTAS DO DIAGNÓSTICO"

Sintomas: as pistas do diagnóstico

De identificação aparentemente fácil, a depressão somente pode ser diagnosticada com certeza pela ocorrência combinada de quatro ou mais sintomas típicos que, juntos, durem no mínimo duas semanas. Alguns dos sintomas mais freqüentes da doença:

 Desespero — Uma tristeza profunda, espessa e persistente acompanha a pessoa deprimida da manhã à noite. Não são momentos tristes, mas uma sensação ruim continuada, realimentada por um incontrolável e injustificável sentimento de culpa, de autodepreciação. No dizer de um paciente: "Sinto-me como um fantasma observando impotente minha vida passar".

 Insônia — No deprimido, ela surge de alteração total dos ritmos biológicos que a doença acarreta. A pessoa adormece normalmente, mas acorda antes do amanhecer e depois não consegue mais conciliar o sono. Os instantes de vigília são acompanhados de pensamentos negativos, pessimistas, de idéias de ruína e tragédia.

 Irritabilidade — Um filtro opaco cai sobre os sentidos. As festas, os ambientes alegres, mesmo as músicas suaves e as brincadeiras de crianças são percebidos como agressões irritantes. Nada alivia tais sensações, nem o silêncio.

 Fixação no suicídio — O mais funesto dos sintomas. O depressivo tenta o suicídio com mais racionalidade, precisão e eficiência do que os psicopatas ou os desesperados. O atentado contra a própria vida não é feito para chamar a atenção, mas realmente para morrer. Quase 60% dos suicídios têm raiz na depressão.

 Fadiga — Também produto da desregulagem do relógio biológico. O depressivo, ao contrário das pessoas sadias, sente-se muito pior pela manhã e apresenta melhoras no decorrer do dia. O abatimento psíquico e motor transforma o dia num pesadelo em câmara lenta. Sua fadiga não se alivia com o descanso.

 Dificuldade de concentração — Surge junto com a perda do interesse em atividades antes prazerosas, como o sexo, a prática de esportes, as leituras. O depressivo sente-se impotente no trabalho e não relaxa ao término do expediente. Não consegue acompanhar, por exemplo, o desenrolar de um filme.

 Perda de apetite e peso — Acompanha a desmotivação generalizada. O indivíduo sente-se incapaz de listar, por exemplo, seus pratos e sobremesas prediletos. Tanto faz o doce ou o salgado, o quente ou o frio, o picante e o insosso. A perda de peso é rápida e acentuada.

 Dores crônicas — Sem causas clínicas palpáveis, as dores do depressivo mudam de lugar, reaparecem em pontos novos do corpo e são tomadas como manifestações de um mal incurável. Qualquer dor gera medo e apreensão.

 Isolamento — A autodepreciação e a perda de interesse em situações inéditas levam o depressivo a evitar o convívio dos amigos já estabelecidos e barram a conquista de novas amizades. Curvado, cabisbaixo, ele é a imagem da solidão.

 Apatia — A sensação de angústia inelutável que acomete o depressivo é tão forte que apaga as chamadas mímicas faciais naturais. Ou seja, a expressão facial torna-se imutável deixando de denotar sensações de dor, raiva ou alívio.

1. Do que trata o artigo? _____

   _____

2. Como a depressão pode ser corretamente diagnosticada? _____

   _____

3. É possível saber que uma pessoa está desesperada porque _____

   _____

4. O que acontece ao deprimido nas horas de insônia? _____

   _____

5. O que se torna agressão irritante à pessoa que sofre de irritabilidade?

   _____

   _____

6. De que maneira o suicídio de uma pessoa que sofre de depressão difere do suicídio de

   outras pessoas? _____

   _____

7. O autor do artigo diz que a fadiga é "produto da desregulagem do relógio biológico". O

   que é isso? _____

   _____

8. Por que a dificuldade de concentração traz as conseqüências mencionadas no artigo? ____

   _____

9. Como uma pessoa que sofre de depressão perde peso? _____

   _____

10. Em que partes do corpo a pessoa deprimida sente dores? _____

    _____

11. Que efeitos negativos o isolamento traz à pessoa deprimida?

    _____

    _____

12. Dê a sua definição da palavra "apatia". _____

_____

13. Dê 3 conseqüências físicas e três psicológicas das pessoas que sofrem de depressão:

        Físicas   Psicológicas

1. _____   1. _____

2. _____   2. _____

3. _____   3. _____

14. Escreva um parágrafo sobre os benefícios que este artigo trouxe para você.

_____

_____

_____

_____

_____

_____

_____

_____

_____

_____

_____

X. VERBOS EM -EAR E -IAR

A. **Nada em comum.** Preencha os espaços com o verbo indicado.

1. (pentear) Eu _____ o meu cabelo antes do café da manhã e ele

_____ depois.

2. (odiar) Eu _____ filmes de terror e ele _____ filmes de amor.

3. (passear) Eu _____ de tarde e ele _____ de noite.

4. (chatear) Eu _____ todo mundo mas ele nunca _____ ninguém.

5. (recear) Eu _____ enfrentar o futuro sozinha mas ele não _____

_____ nada.

6. (ansiar) Eu _____ visitar o Sul mas ele _____ visitar o Norte.

B. **Meu primeiro jogo de futebol.** Complete o texto com os verbos nos tempos apropriados.

Pela primeira vez estou assistindo uma partida de futebol. O estádio está cheio e os torcedores

me _____ (rodear) gritando e cantando. Eu _____ (recear) ser

esmagado por tanta gente. Há instantes em que eu _____ (odiar) estar ali. Tudo

isso me _____ (chatear) mas eu quero entender o esporte mais popular do

mundo. Resolvo me acalmar. Eu _____ (pentear) os meus cabelos, respiro fundo e

penso comigo mesmo: "por que você não _____ (passear) um pouco e vai até

o barzinho tomar algo gelado? É uma guerra de nervos. Por um lado eu _____

(ansiar) sair dali mas eu quero enfrentar a situação e aceitar o fato de que não há perigo

nenhum. Os torcedores estão contentes e _____ (ansiar) pela vitória do seu

time. Eu me controlo e resolvo ficar para assistir o jogo.

XI. ASPECTOS DO SUL

Depois de se aposentar, você decide morar no Sul do Brasil, onde gostaria de investir o dinheiro que você economizou. Estude os mapas da Região Sul e escolha o Estado mais conveniente para você. Escreva uma redação sobre as razões que o levaram a tomar essa decisão.

_____

_____

_____

_____

_____

UNIDADE 12

"DE PERNAS PRO AR"

Parte I

I. COMO APRENDER OBSERVANDO.

A. **O que vamos ver hoje à noite?** Leia a programação de TV nas páginas seguintes e responda às seguintes perguntas:

1. Quantos canais de TV são anunciados? _____

_____

2. A que horas começa e encerra a programação? _____

_____

3. Quantas novelas são mostradas por noite? _____

_____

4. Selecione dois programas que você gostaria de ver e justifique a sua escolha.

_____

_____

_____

B. **Um programa de televisão.** Faça uma redação sobre um programa de televisão, incluindo as seguintes informações: tipo de programa, faixa (*segment*) de público que atinge, crítica pessoal, etc.

_____

_____

_____

_____

_____

_____

_____

_____

_____

_____

_____

_____

C. **Análise esquemática.** Baseado nas páginas que se seguem, preencha o quadro abaixo:

PROGRAMA	GÊNERO	COMENTÁRIOS
1. Panorama	Cultural	Informação sobre artes e espetáculos.
2. _____ _____	Infantil_____ _____	_____ _____ _____
3. _____ _____	Musical_____ _____	_____ _____ _____
4. _____ _____	Esportivo_____ _____	_____ _____ _____
5. _____ _____	Noticiário_____ _____	_____ _____ _____
6. _____ _____	Feminino_____ _____	_____ _____ _____

Programação

Segunda
10 de Junho

MANHÃ

06,40 ⑦ TELECURSO 2.° GRAU — Educativo.
06,45 ⑬ PROGRAMA JIMMY SWAGGART — Religioso.
06,50 ⑦ TELECURSO 1.° GRAU — Educativo.
07,00 ⑪ GINÁSTICA — Educativo.
⑬ BOM-DIA, BRASIL — Noticiário matinal.
07,15 ⑬ TERRA VIVA — Noticiário rural.
07,30 ⑬ BOM-DIA, SÃO PAULO — Noticiário local.
⑬ QUALIFICAÇÃO PROFISSIONAL — Educativo. Apresentação de Áurea Rocha. Participação de Tetê Pritzl e Isis Koschdosky entre outros.
07,45 ⑬ SHOW DE DESENHOS — Infantil. Produções de Hanna & Barbera.
08,00 ⑦ SESSÃO DESENHO — Bozo e desenhos animados.
08,30 ⑪ TV MULHER — Programa feminino.
⑪ DESPERTAR DA FÉ — Religioso.
09,00 ⑦ IGREJA DA GRAÇA — Religioso.
⑪ BALÃO MÁGICO — Programa infantil.
⑬ ELA — Programa feminino de variedades. Apresentação de Edna Savaget com participação de Ana Davis e Baby Garroux.
09,30 ⑦ TELE-ESCOLA — Educativo.
⑦ PROGRAMAÇÃO EDUCATIVA
09,45 ⑦ TELECURSO 2.° GRAU — Educativo.
10,00 ⑦ TELECURSO 1.° GRAU — Educativo.
⑪ AVENTURAS AOS 4 VENTOS — Documentário.
⑬ CIRCO ALEGRE
10,30 ⑦ CURUMIM — Série de programas para crianças em idade pré-escolar.
10,45 ⑦ BAMBALALÃO — Programa infantil. História, artes, teatros e outras atrações para a criançada conhecer e se divertir, com Gigi Anhelli, o palhaço Tic-Tac, o Prof. Parapopó, Silvana, Carlinhos e os bonecos de Memélia de Carvalho.
⑦ COZINHANDO COM ARTE
11,00 ⑪ GINÁSTICA
⑦ EU E VOCÊ — Entrevistas.
⑬ A TURMA DA PIPOCA
11,15 ⑦ JORNAL DO INTERIOR — Noticiário sobre o interior de São Paulo. Apresentação de Dionete Forti e Oswaldo Siman.
11,20 ⑬ SHOW BRASIL — Programa musical. Apresentação de Cid Neufal.
11,30 ⑪ EM TEMPO — Entrevistas.
11,55 ⑬ BOA VONTADE — Religioso. Apresentação de José de Paiva Netto.

TARDE

12,00 ⑬ É HORA DE ESPORTE — Programa de esporte diário, transmitido ao vivo.

Jatr de Ogum apresenta Axé.

⑦ À MODA DA CASA — Programa de culinária com Etty Fraser.
⑦ MANCHETE SHOPPING SHOW — Um programa de atualidades e serviços dirigidos à mulher. Com Clodovil, Marly Bueno, Sandra Cavalcanti, Neila Tavares e Rosana Bensusan. Obrigado Doutor com Cláudia Castelo Branco e o Dr. Isidoro E. Americano do Brasil (Psicanalista do Movimento Freudiano).
13,45 ⑪ FORNO, FOGÃO & CIA.
13,50 ⑦ PROGRAMA AXÉ
14,00 ⑦ QUAL É O GRILO — Ao vivo. Série de programas de apoio aos alunos da 5.ª à 8.ª séries do 1.° Grau. Apresentação de Carlos Arena.
⑪ LUCY TOTAL
14,10 ⑦ BRASINHAS DO ESPAÇO — Desenho.
14,30 ⑦ CHISPITA — Novela.
⑬ SESSÃO DA TARDE — Maldita Aventura (ver resumo dos filme).
⑪ MULHERES EM DESFILE
15,00 ⑬ O HOMEM DO FUNDO DO MAR — Seriado.
15,30 ⑬ MEUS FILHOS, MINHA VIDA — Novela.
⑦ CLUBE DA CRIANÇA — Infantil. Com Xuxa.
16,00 ⑪ O GÊNIO MALUCO
16,30 ⑫ AS AVENTURAS DO TIO MANECO — Aventuras. Com Flávio Migliaccio, Vera Setta, Francisco Dantas, Albi Ramos e Dirceu Rabelo entre outros.
⑦ TV POWWW! — Video-game. Apresentação de Márcio Prado.
⑥ SESSÃO AVENTURA — Missão Secreta.
⑦ BEANY E CECIL — Desenho.
16,45 ⑫ CURUMIM — Educativo. Série de programas para crianças em idade pré-escolar. Nova série, com novos personagens.
17,00 ⑦ BAMBALALÃO — Infantil. Histórias, pantomina e muitas brincadeiras inteligentes com Gigi Anhelli, o palhaço Tic-Tac, o Prof. Parapopó e os bonecos de Memélia de Carvalho.
⑪ OS 2 CARETAS — Desenho.
⑬ A TURMA DA PIPOCA
17,15 ⑫ CASO VERDADE — Um caso real adaptado para TV. Episódio de hoje: Quem Ama Isabel?
17,30 ⑦ FÉRIAS NO ACAMPAMENTO
17,45 ⑬ A GATA COMEU — Novela de Ivani Ribeirmano Filho, Juliana Lucas Martin, Juliana Martins, Kátia Moura, Oberdan Júnior, Denton Mello, Rafael Alvarez e Sílvio Porroni.

NOITE

18,00 ⑦ VIBRAÇÃO — Musical.

---

⑦ RECORD EM NOTÍCIAS — Noticiário nacional e local. Apresentação de Hélio Arnaldo, José Luiz Meneghatti, Glauce Graieb, Heitor Augusto, Wilson Fittipaldi, Padre Godinho, Murilo Antunes Alves, Arnaldo Faria de Sá e Celso Telles.
⑦ MANCHETE ESPORTIVA — 1.° TEMPO
⑦ REALCE BABY
⑦ ESPORTE TOTAL — Noticiário: Edição nacional. Apresentação de Gilson Ribeiro e Elia Júnior.
12,15 ⑬ AGENTE 86 — Seriado humorístico.
12,30 ⑦ SP TV — Informe local. 1.ª Edição.
⑦ JORNAL DA MANCHETE — EDIÇÃO DA TARDE
12,40 ⑬ GAZETA NOS ESPORTES
⑦ RTC NOTÍCIA — 1.ª Edição. Noticiário local, nacional e internacional.
⑬ SUPER SPECIAL — Videoclips apresentados por Antônio Celso.
12,45 ⑦ GLOBO ESPORTE — Noticiário esportivo.
⑫ DESTAQUES
13,00 ⑬ SESSÃO DA UMA — Especial musical. Programa musical.
⑬ HOJE — Jornalístico.
⑬ TV CRIANÇA — Programa infantil.
13,30 ⑥ VALE A PENA VER DE NOVO — Elas por Elas.

---

⑬ REALCE BABY
⑬ FIM DE TARDE — Seriados.
18,30 ⑫ PALAVRA DE MULHER — Ao vivo. Programa de informação dedicado à mulher, com prestação de serviços e noticiário de arte e cultura em geral. Apresentação de Shelly Heracovici.
⑧ LUPITA — Novela.
⑥ AN TV — Musical.
⑪ FM TV — Programa musical com os videoclips de maiores sucessos nacionais e internacionais. Apresentação de Marco Antônio.
18,45 ⑬ UM SONHO A MAIS — Novela de Daniel Más. Com Marcelo Ibrahim, Tânia Gomide, Paulette, Eliane Ovalle, Edson Silva, Liz Beltrão e outros.
⑪ ESPECIAL MPB
19,00 ⑪ BB VÍDEO CLIP — Musical.
19,15 ⑥ JORNAL DA CIDADE — Informativo local.
⑬ MANCHETE PANORAMA — A música, a dança, a moda. O melhor do teatro, cinema e artes plásticas. Um registro das tendências de comportamento no país e no mundo. Lazer, turismo, o lado exótico e pitoresco do jornalismo. Apresentação de Íris Lectieri e Jacira Lucas.
⑪ FUTEBOL COMPACTO
19,25 ⑥ JORNAL DE SP — Informativo local.
19,30 ⑬ JORNAL NOTICENTRO — Informativo.
⑫ PANORAMA — Ao vivo. Programa de informações sobre artes e espetáculos com noticiário específico sobre os principais eventos, além do roteiro. Apresentação de Paula Dip.
⑦ MANCHETE ESPORTIVA — Uma resenha diária de tudo o que acontece nos esportes no Brasil e no mundo. Apresentação e direção de Paulo Stein.
⑦ JORNAL BANDEIRANTES — Noticiário. Edição nacional. Apresentação de Joelmir Beting, Miro Teixeira, Newton Carlos, Ferreira Martins, Belisa Ribeiro, Cévio Cordeiro, Cristina Rego Monteiro, Teresa Cristina Levey, Elizabeth Esteves, Carmen Kusano e outros.
19,00 ⑦ MANCHETE ESPORTIVA — Uma resenha diária de tudo o que acontece nos esportes no Brasil e no mundo. Apresentação de Paulo Stein.
19,45 ⑥ INFORMATIVO DA MARATONA.
⑬ JOGO DO AMOR — Novela.
⑥ SP TV — Noticiário local. 2.ª edição.
19,55 ⑬ JORNAL DO ESPORTE
⑦ JORNAL NACIONAL — Noticiário local, nacional e internacional.
20,00 ⑦ O HOMEM DO FUNDO DO MAR

AMIGO SERVIÇO

TARDE

12,00 ② É HORA DE ESPORTE — Programa esportivo, diário e ao vivo.
⑪ REALCE BABY
⑬ ESPORTE TOTAL — Noticiário. Edição nacional. Apresentação de Elia Júnior e Gilson Ribeiro.
12,15 ⑬ AGENTE 86 — Seriado humorístico.
12,30 ⑦ SP TV — Informe local. 1.ª Edição.
⑪ GAZETA NOS ESPORTES
12,40 ② RTC NOTÍCIA — Noticiário local, nacional e internacional.
⑬ SUPER SPECIAL — Videoclips apresentados por Antônio Celso.
12,45 ⑧ GLOBO ESPORTE — Noticiário esportivo.
⑪ DESTAQUES
13,00 ② SESSÃO DA UMA — Os Astros. Apresentando programa-depoimento, produzido pela TVE do Rio.
⑧ JORNAL HOJE — Noticiário local e estadual.
⑬ TV CRIANÇA — Programa infantil.
13,30 ⑧ VALE A PENA VER DE NOVO — Elas por Elas.
⑦ À MODA DA CASA — Programa de culinária com Etty Fraser.
⑬ SHOPPING SHOW — Um programa de atualidades e serviços dirigidos à mulher. Com Clodovil, Cláudia Castelo Branco, Sandra Calvaicanti, Neila Tavares e Rosana Bensusan. Obrigado Doutor com Cláudia Castelo Branco e o Dr. Isidoro E. Americano do Brasil (Psicanalista do Movimento Freudiano).
13,45 ⑪ FORNO, FOGÃO & CIA.
13,50 ⑦ PROGRAMA AXÉ
14,00 ② QUAL É O GRILO? — Ao vivo. Série de programas de apoio aos alunos da 5.ª à 8.ª série do 1.º Grau, apresentação de Carlos Arena.
⑪ LUCY TOTAL
14,10 ⑦ BRASINHAS DO ESPAÇO — Desenho.
14,30 ⑦ CHISPITA — Novela.
⑧ SESSÃO DA TARDE — Papai Batuta (ver resumo dos filmes).
⑪ MULHERES EM DESFILE
15,00 ⑬ O HOMEM DO FUNDO DO MAR
15,30 ⑪ MEUS FILHOS, MINHA VIDA — Novela.
⑬ CLUBE DA CRIANÇA — Infantil. Com Xuxa.
16,00 ⑧ O GÊNIO MALUCO — Desenho.
16,30 ② AS AVENTURAS DO TIO MANECO
④ TV POWWW! — Videogame. Apresentação de Márcio Prado.
⑧ SESSÃO AVENTURA — O Incrível Hulk.
⑦ BEANY E CECIL — Desenhos.

Terça

11 de Junho

MANHÃ

06,40 ⑧ TELECURSO 2.º GRAU — Educativo.
06,45 ⑬ PASTOR JIMMY SWAGGART — Religioso.
06,50 ⑧ TELECURSO 1.º GRAU — Educativo.
07,00 ④ GINÁSTICA — Educativo.
⑨ BOM-DIA, BRASIL — Noticiário matinal.
07,15 ⑬ TERRA VIVA — Noticiário rural.
07,30 ⑧ BOM-DIA, SÃO PAULO — Noticiário local.
⑬ QUALIFICAÇÃO PROFISSIONAL — Educativo. Apresentação de Áurea Rocha. Participação de Tetê Prizi e Isis Koschdosky entre outros.
07,45 ⑬ SHOW DE DESENHOS — Infantil. Produção de Hanna & Barbera.
08,00 ② SESSÃO DESENHO — Bozo e desenhos animados.
08,30 ⑨ TV MULHER — Programa feminino.
⑬ A HORA DA EUCARISTIA — Religioso.
09,00 ⑦ DESPERTAR DA FÉ — Religioso.
⑬ IGREJA DA GRAÇA
⑬ ELA — Programa feminino de variedades. Apresentação de Edna Savaget com participação de Ana Davis e Baby Garroux.
09,30 ⑧ BALÃO MÁGICO — Programa infantil.
09,45 ② TELECURSO 2.º GRAU — Educativo.
10,00 ② TELECURSO 1.º GRAU — Educativo.
⑧ AVENTURAS AOS 4 VENTOS
10,15 ② CURUMIM — Série de programa para crianças em idade pré-escolar.
10,30 ② BAMBALALÃO — Programa infantil. Histórias, artes, teatro e outras atrações para a criança conhecer e se divertir com Gigi Anhelli, o palhaço Tic-Tac, o Prof. Parapopó, Silvana, Carlinhos e os bonecos de Memélia de Carvalho.
11,00 ⑦ COZINHANDO COM ARTE
⑨ EU E VOCÊ — Entrevistas.
⑧ PROGRAMAÇÃO EDUCATIVA
⑪ A TURMA DA PIPOCA
11,15 ⑦ EM TEMPO — Entrevistas.
11,20 ⑬ SHOW BRASIL — Programa musical. Apresentação de Cid Naufal.
11,30 ⑦ RECORD NOS ESPORTES — Esportivo.
⑨ CIRCO ALEGRE
⑧ BOA VONTADE — Religioso. Apresentação de José de Paiva Netto.
11,55 ⑦ UM FATO EM FOCO

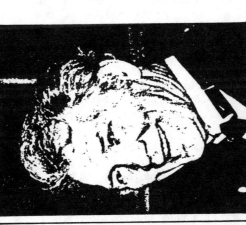

Jack Palance apresenta Acredite Se Quiser.

22,30 ⑦ ENCONTRO MARCADO — Entrevistas com Denuza Leão.
23,15 ⑧ JORNAL DA GLOBO — Noticiário.
⑨ JORNAL DA NOITE — Noticiário. Edição nacional. Apresentação de Wellington de Oliveira e Angela Rodrigues Alves.
23,20 ⑨ JORNAL DA MANCHETE — 2.ª Edição. Um resumo de todas as notícias importantes do dia e os últimos fatos ocorridos no Brasil e no mundo. Apresentação de Luiz Santoro, Cláudia Ribeiro e Roberto Maya.
23,25 ② DINHEIRO — Indicadores econômicos. Apresentação de Lúcia Reggiani.
23,30 ② O CÍRCULO DO MEDO — Filme de suspense.
⑧. Apresentação de Sebastian Cabot.
⑪ PROGRAMA FERREIRA NETTO
⑬ AÇÃO E INVESTIMENTO — Jornalístico de entrevistas sobre o mercado financeiro. Apresentação de Gregório Stukart e Gilberto Menezes Cortes.
23,45 ② SINOPSE — Resumo comentado das principais notícias do dia. Apresentação de César Folfá.
⑦ SP TV — Informe local. 3.º Edição.
23,50 ⑧ FESTIVAL DE SUCESSOS — Todos Muito Estranhos (Ver resumo dos filmes).
⑦ OPERAÇÃO ESPORTE
00,00 ⑧ FRENTE A FRENTE — Programa jornalístico com Nei Gonçalves Dias.
⑬ SESSÃO ESPECIAL — Filme longa-metragem.
00,30 ④ 24 HORAS — Informativo.

Programação

Segunda

⑬ GUERRA, SOMBRA E ÁGUA FRESCA — Seriado humorístico. Com Bob Crane e Werner Klemperer.
20,10 ⑨ JORNAL DA MANCHETE — 1.ª Edição. Noticiário nacional e internacional com entrevistas exclusivas de Alexandre Garcia, de Brasília, Nei Gonçalves Dias, de São Paulo. Tércio Luz, de Belo Horizonte e Antônio Augusto, de Nova Iorque.
20,25 ② RTC TEMPO — 2.ª Edição. Previsão do tempo e leitura do mapa meteorológico do país. Apresentação de Celso Barreiros.
⑧ CORPO A CORPO — Novela de Gilberto Braga.
20,30 ② RTC NOTÍCIA — 2.ª Edição. Noticiário local, nacional e internacional.
④ VIVIANA — Novela.
⑪ PLACAR
⑬ OITO E MEIA — Jornalístico de musicais, entrevistas, análises, informações e variedades. Apresentação de Paulo Markum. Participação de Maria Lins, Augusto Nunes, Denuza Leão, Antônio Mello e outros.
20,55 ② INFORME ECONÔMICO
21,00 ② ENCONTRO SINFÔNICO — Apresentação da Orquestra Sinfônica Estadual e da RTC, sob a direção artística do Maestro Eleazar de Carvalho.
⑦ POLTRONA R — Filme de longa-metragem.
21,05 ⑬ JORNAL DA COPA — Boletim informativo do Mundial do México.
21,15 ④ ÚLTIMAS NOTÍCIAS — Informativo.
⑬ SEGUNDA SEM LEI — Filme longa-metragem.
21,20 ⑧ O HOMEM QUE VEIO DO CÉU — Seriado.
② VIVA O GORDO — Programa humorístico com Jô Soares.
⑧ OSCAR — Filme longa-metragem.
② ACREDITE SE QUISER — Série documentária baseada em famosas pesquisas de W. Ripley. Um fascinante passeio em torno de fatos curiosos e pessoas extraordinárias. Apresentação de Jack Palance.
22,00 ② ESPORTE OPINIÃO — Esportivo. Programa de debates sobre os principais acontecimentos esportivos da semana, com a participação de jornalistas especializados, convidados ilustres do esporte.
22,15 ⑬ SANGUE, SUOR E LÁGRIMAS — Seriado.
④ CARA A CARA
22,20 ⑬ SEGUNDA NO CINEMA — Filme longa-metragem.
⑬ XINGU — A vida e a cultura das nações indígenas que habitam o Parque do Mato Grosso. Reportagem, narração e direção de Washington Novaes. 9.º capítulo.

II. A TELENOVELA BRASILEIRA

"Aaai, coração alado"

Televisão

Aaai, coração alado

Janete Clair voltou e deu à
Globo índices que "Água-Viva" bateu
só na morte de Fragonard

O reino mágico da novela das 8 voltou a ser povoado por seus mais tradicionais habitantes: os personagens de Janete Clair. Mais uma vez, eles foram bem recebidos. Na estréia de "Coração Alado", segunda-feira passada, quando o início da saga dos "irmãos Pitanga" se misturava à uma insólita representação da paixão de Cristo, a Rede Globo obteve, no Rio de Janeiro, o fantástico pique de 83 pontos nas tabelas de audiência. Índice que "Água Viva", de Gilberto Braga, só conseguiu na reta final — mais precisamente na noite em que "Miguel Fragonard" foi assassinado.

Não é para causar espanto. Já na exibição dos primeiros capítulos, "Coração Alado" mostrou, com exuberância, algumas das características da obra de Janete Clair e, conseqüentemente, a marcas de sucesso da telenovela. Ela não gosta, por exemplo, de perder tempo. Para economizar capítulos, apresentou os personagens principais relatando seus passados. Toque de mestre. No segundo capítulo, todos os espectadores já sabiam "quem é quem". Com uma semana no ar, os pares românticos estão formados, os conflitos básicos armados, as personalidades pinceladas sem meios-tons. Só resta ao espectador torcer por seus novos heróis.

AMORES ANISTIADOS — A nova trama de Janete Clair conta a história de "Juca Pitanga" (Tarcísio Meira), artista plástico que abandona Pernambuco, em 1973, em busca do sucesso no Rio de Janeiro. Apaixonado pela ingênua "Vivian" (Vera Fischer), Juca se casa com "Camila" (Débora Duarte), interessado em sua influência no meio artístico. O casamento será desfeito quando Juca acompanhar o irmão — "Gabriel" (Carlos Vereza), perseguido político — durante o exílio no México. Os personagens centrais só vão se reencontrar em 1979, quando os Pitanga retornam ao país beneficiados pela lei da anistia. Nesta altura, o triângulo amoroso central dividirá a atenção dos espectadores com a investigação da morte de "Silvana Karany" (Bárbara Fazzio), desaparecida num acidente misterioso, durante o capítulo 18. Suspeitos: "Alberto Karany" (Walmor Chagas), seu ex-marido, e o sofrido Juca Pitanga, com quem mantém um caso amoroso, logo nos primeiros capítulos. "Coração Alado", assim, é mais uma história de amores difíceis, busca de ascensão social e mortes suspeitas. Mas com o toque de Janete Clair, capaz de aliviar, em doses diárias de 40 minutos, as dores do país. Da mesma forma como o controle da mente alivia as dores de Guta. **ARTUR XEXÉO**

nesta altura at this point
beneficiado benefitted
desfeito unmade, torn apart
espanto astonishment
estréia debut
índices ratings points
ingênua ingénue (Fr.)[naive]
insólito unusual
marcas de sucesso elements of sucess

pares românticos couples in love
pique high point
pincelada brush stroke
povoado populated
tabela de audiência ratings
toque de mestre master stroke
torcer cheer for
trama plot

lei da anistia general amnesty promulgated by the militery government
in 1979, permitting poltical exiles to return to the country, as part of the transition to
democracy

1. Quem é Janete Clair? _____

   _____

2. Quais são as características da sua obra? _____

   _____

   _____

   _____

3. Qual é o tema de "Coração Alado"? _____

   _____

   _____

III. DOMINANDO A LÍNGUA

A. Capítulo I

1. Eu sei o que significa! Preencha os espaços com palavras da lista abaixo.

bombeiro	bagunça	juízo
campainha	conserto	pia
virar	orçamento	
palpite	engarrafamento	

   a. O motorista de táxi não queria levar o Raul para o centro da cidade por causa do

   _____ do trânsito.

b. Vera queria que o Raul se comportasse bem e por isso recomendou que ele tivesse muito

_____.

c. O Raul contratou um _____ para consertar o banheiro.

d. O Raul tinha que atender a porta a cada minuto porque a _____ não parava

de tocar.

e. A _____ do banheiro estava quebrada e precisava ser trocada.

f. Durante a reforma o apartamento do Raul ficou uma _____.

g. Rosa pediu as contas porque pensava que ia _____ pintora e trabalhar na

obra.

h. Para saber quanto vai gastar, o Raul precisa do _____ da obra.

2. O meu dicionário. Defina as expressões abaixo:

a. faxina _____

b. palpite _____

c. pintor _____

d. biscate _____

e. tinta _____

f. barulhada _____

B. **Capítulo II**.

1. Eu sei o que significa. Preencha os espaços com as palavras da lista abaixo:

desconfiar	precinho camarada	rouco
passar tinta	mestre de obras	pressentimento
jogar fora	quartinho de serviço	torneira

a. Rosa _____ do pintor porque o acha muito esquisito.

b. Edmundo disse que conseguiu um _____ para parte to material que ele

comprou.

c. Raul disse ao Edmundo que deixasse o material no _____.

d. Edmundo diz que pintar não é só _____ na parede.

e. Raul diz que precisa ficar rico para _____ aquele apartamento e comprar um novo.

f. O seu Romano é o _____ contratado pelo Raul.

g. Vera diz que está com um _____ porque o Raul está muito esquisito.

h. De acordo com o Raimundo, o chuveiro está bom mas a _____ precisa ser trocada.

IV. O QUE ESTÁ ACONTECENDO COM O RAUL?

A. **O detetive em ação.** Complete a conversa telefônica do Capítulo II, Cena 6, entre D. Silvana e Rosa:

— Alô? Rosinha?

— _____

—Oh, minha filha, aqui é Silvana.

— _____

— É, a mãe da Vera.

— _____

— Bem, obrigada, querida.

— _____

— Escuta, Rosinha, minha filha, você pode me informar o que é está acontecendo por aí?

— _____

— Como? Não pode dizer?

— _____

— Mas que é isso, menina?

— _____

— Como você não pode dizer nada?

— _____

— Ligar pro Raul? Mas onde é que ele está?

— _____

— Ah, tá, tá bom, obrigada, hein? Até a vista, querida.

B. **Um resumo do Capítulo II**. Complete o resumo do Capítulo II abaixo:

Nas cenas 3 e 4, o pintor retorna dizendo que trouxe a tinta, mas não tem a nota de compra.
Rosa desconfia dele. Ao abrir uma das latas de tinta, Raul descobre que foi enganado pelo
pintor pois as latas estão cheias de areia. Raul resolve contratar uma arquiteta para dirigir a
reforma do apartamento.

_____

_____

_____

_____

_____

_____

_____

_____

Parte II

I. A TELENOVELA BRASILEIRA II

A. **"Crise econômica chega à novela das oito"**

CRISTINA CHACEL

"Brasil/mostra a tua cara/quero ver quem paga/pra gente ficar assim.../Brasil/qual é o teu negócio/o nome do teu sócio/confia em mim...". São oito da noite e a música do cantor e compositor Cazuza soa aos ouvidos de milhões de telespectadores de todo o País, que se preparam para ver aquela que certamente é a primeira telenovela a reproduzir a realidade sócio-econômica resultante do processo de hiperinflação para o qual caminha o Brasil, e no qual, obviamente, Vale Tudo.

Desemprego, alta de preços, planejamento de mercado, remessa ilícita de divisas, reforma agrária, desvalorização da moeda e falcatruas de toda espécie e em todos os níveis são alguns dos elementos que compõem o discurso econômico que serve como pano de fundo da novela Vale Tudo (TV Globo, 20h), concebida e escrita por Gilberto Braga, Agnaldo Silva e Leonor Bassères. Um discurso antes inimaginável em horário nobre e hoje tão facilmente absorvido pelo grande público.

E a economia, em especial o processo hiperinflacionário, como mostra a novela, desarruma e subverte o comportamento da população. O autor Gilberto Braga e o Diretor Dênis Carvalho continuam se surpreendendo com a verossimilhança do enredo com a realidade, comprovada pela montanha de cartas que recebem diariamente e que, em sua maioria, manifestam adesão e maior compreensão às personagens vilãs.

Ao contrário dos tradicionais folhetins que marcam o gênero na TV, o amor — embora continue a ser a espinha dorsal do enredo — é movido por agentes econômicos.

---

adesão concurrence, assent
comprovar substantiate
desarrumar disarrange
desvalorização da moeda currency devaluation
espinha dorsal backbone
falcatrua swindle
folhetim soap opera
hiperinflação hyperinflation
horário nobre primetime

marcar o gênero establish the type
pano de fundo backdrop
remessa ilícita de divisas sending currency overseas
soar sound
sócio partner
vale tudo everything goes
verossimilhança nearness to truth (verisimilitude)
vilão evil (villainous)

1. Quem é Cazuza? _____

_____

2. Do que trata a novela *Vale Tudo*? _____

_____

3. Defina os elementos da realidade socio-econômica brasileira que aparecem em *Vale Tudo*:

    a. desemprego _____

    b. alta de preços _____

    c. planejamento de mercado _____

    d. remessa ilícita de divisas _____

    e. reforma agrária _____

    f. desvalorização da moeda _____

4. Por que o discurso econômico em *Vale Tudo* era antes inimaginável no horário nobre da TV?

_____

_____

5. Como a verossimilhança do enredo com a realidade é comprovada em *Vale Tudo*? _____

_____

B. **Redação.** Escreva um ensaio sobre a televisão em geral ou sobre um aspecto específico dela.

_____

_____

_____

_____

_____

_____

_____

_____

_____

_____

_____

_____

_____

_____

_____

_____

_____

_____

_____

_____

_____

_____

_____

_____

C. **"Um clássico de lona"**

Um clássico de lona

O que faz com que certos produtos atravessem décadas, resistam aos modismos e à tecnologia moderna? A resposta veio ano passado, depois que os franceses, assustados com o avanço japonês na área da moda, reacenderam o gosto do consumidor pelos clássicos do *design*. A lista incluía, além dos produtos Chanel e Hermès, a cadeira de Mies van der Rohe, os óculos *Ray-Ban* e o jeans *five-pockets*. Foram chamados de *indemodables* — além da moda. Constatou-se que certos desenhos, de tão puros e bonitos para a sua finalidade, são irretocáveis. Certamente se os franceses conhecessem o nosso Bamba, o teriam incluído na lista. Tênis de uma época em que o Brasil não acreditava em esporte que não fosse o futebol e apenas os estudantes tiravam o solado de couro dos pés, sua forma ganhou algumas linhas dos modelos usados no basquete americano, a improvisação de uma indústria recém-nascida e um preço bem barato. A comparação com os Nikes e Reebocks da vida é impossível, claro. Mas quem quer praticar esportes que pague caro por um tênis anatômico. Que, por sinal, é horroroso. Para o dia-a-dia, fundamental é charme, moda e preço. O Bamba tradicional ganha nas três modalidades.

Regina Martelli

avanço advance
irretocável unimprovable
lona canvas

modismo latest style
reacender rekindle
sola de couro leather sole

1. Qual é o clássico de lona de que o artigo fala? _____

_____

2. Por que os franceses "reacenderam o gosto do consumidor pelos clássicos do *design*"?

_____

_____

3. Por que os franceses chamam alguns artigos de *indemodables*? Dê três exemplos desses

artigos. _____

_____

_____

4. Descreva o Bamba. _____

_____

_____

5. Se o Bamba é um tênis anticuado, segundo o texto, por que ele está sempre na moda?

_____

_____

_____

II. ENTREVISTA COM REGINA DUARTE

Com base nos dados fictícios de Regina Duarte, abaixo, escreva um ensaio biográfico sobre ela.

Nome: Regina Duarte
Data de nascimento: 1946
Local de nascimento: Campinas, SP
Religião: católica
Estado civil: casada
Filhos: André, Gabriela e João
As preferências:
    ator: Robert de Niro
    atriz: Marília Pera
    cantor: Caetano Veloso
    cantora: Marina
    programa de TV: humorístico

filme: Feitiço da Lua
time de futebol: Coríntians
cor: azul e branco
perfume: Chanel No. 5
melhor amigo: o marido Deo

Perfil de Regina Duarte

_____

_____

_____

_____

_____

_____

_____

_____

_____

_____

_____

_____

_____

_____

_____

_____

_____

_____

_____

III. DOMINANDO A LÍNGUA

A. Capítulo III

1. Eu sei o que significa! Que expressões da lista abaixo se aplicam às seguintes situações ou definições?

prego	meio apavorado	arrumar a casa
papo	prazo	tomar providências
sem defeito	estar indisposto	contar com
mole		

a. Estar com um certo medo. _____

b. O contrário de duro. _____

c. O mesmo que ter o apoio de alguém. _____

d. Objeto que se usa para pendurar um quadro na parede. _____

e. Algo que está perfeito. _____

f. Limpar a casa colocando todas as coisas em seus devidos lugares. _____

g. Uma conversa informal e despreocupada. _____

h. Tempo determinado para se completar algo. _____

i. Não se sentir bem. _____

j. Preparar tudo para realizar algo. _____

2. Agora é a minha vez. Escreva frases com as seguintes palavras:

a. sede (Cena 1) _____

b. luta (Cena 1) _____

c. desafio (Cena 1) _____

d. vingança (Cena 3) _____

e. virar (Cena 5) _____

f. ameaçar (Cena 6) _____

B. **Capítulo IV**

1. Eu sei o que significa! Substitua as expressões sublinhadas por outras do texto.

   a. (Cena 1) Deve ser a Vera e eu ainda não <u>descobri</u> nada para ela. _____

   b. (Cena 1) Eu não vou ficar aqui a noite inteira <u>sem fazer</u> <u>nada</u>. _____

   _____

   c. (Cena 3) Ela não entrou porque ficou com <u>medo</u> de encontrar alguém em trajes íntimos.

   _____

   d. (Cena 3) O senhor assinou um <u>contrato</u> da obra. _____

   e. (Cena 3) <u>As leis</u> do prédio não permitem pintar as portas. _____

   _____

   f. (Cena 3) Não vai <u>levar muito tempo</u> não, tá, seu Romano? _____

   _____

   g. (Cena 5) Mas é que eu estava <u>sem fazer nada</u>... _____

   h. (Cena 5) Alguma coisa está acontecendo com o azulejo. Não está <u>dando certo</u> o

   desenho. _____

2. Responda às perguntas abaixo.

   a. Em que situações uma pessoa <u>dorme fora</u>? _____

   _____

   b. Do que as pessoas geralmente <u>reclamam</u>? _____

   _____

   c. Escreva sobre uma situação em que algo <u>deu defeito</u>. _____

   _____

   d. Dê um exemplo de uma peça do <u>traje íntimo</u>. _____

   _____

   e. O que faz você <u>ficar uma fera</u>? _____

   _____

f. Quais seriam algumas das responsabilidades do <u>síndico</u>? _____

_____

IV. O QUE ESTÁ ACONTECENDO COM O RAUL?

A. **Quem falou e por quê?** Preencha o quadro abaixo, identificando o personagem e dando a razão pela qual ele disse o seguinte:

1. (Cena 1) "Quem será, heim? Ladrão? Ué, mas ladrão agora já atende o telefone quando toca?"
2. (Cena 1) "Escuta, que história é essa, de prima do interior?"
3. (Cena 1) "Férias dessas, todo mundo quer, né? Até eu!"
4. (Cena 2) "Dr. Raul, com nervoso ou sem nervoso a gente vai ter que enfrentar a fera."
5. (Cena 3) "Olha, eu não quero conversa, não, eu quero é solução, sabe?"
6. (Cena 3) "Fica calmo, seu Raul. Pra tudo tem um jeito."

QUEM?	POR QUÊ?
1. D. Silvana	Porque uma voz de homem atendeu o telefone na casa do Raul.
2. _____	_____ _____
3. _____	_____ _____
4. _____	_____ _____
5. _____	_____ _____

6. _____ _____
   _____ _____
                    _____

7. _____ _____
   _____ _____
                    _____

B. **Uma carta da Tarsila.** Tarsila, a jovem arquiteta, escreve uma carta para a sua melhor amiga. Inclua o seguinte:

   a. Como vai o trabalho na firma.
   b. O projeto na casa do Raul.
   c. As suas intenções com o Raul.
   d. O que ela pensa do Raul.

_____
_____
_____
_____
_____
_____
_____
_____
_____
_____
_____
_____
_____

Parte III

I. DOMINANDO A LÍNGUA

A. Capítulo V

1. O meu dicionário. Dê uma expressão ou definição correspondente às palavras sublinhadas.

   a. (Cena 1) Minha vizinha prafrentex. Ex: *Minha vizinha é uma pessoa moderna, não conservadora, seguidora da moda.*

   b. (Cena 2) Você está com uma cara assustada, rapaz! _____

   _____

   c. (Cena 2) Você volta aqui pra uma comemoração, quando o apartamento estiver

   prontinho. _____

   _____

   d. (Cena 3) Estamos perturbando a senhora. _____

   _____

   e. (Cena 3) Está tudo indo às mil maravilhas. _____

   _____

   f. (Cena 6) D. Florência, foi a senhora que deu queixa de um vazamento? _____

   _____

   g. (Cena 7) Não se aflija. _____

   _____

2. Responda às perguntas abaixo.

   a. (Cena 4) O que é a diferença de fuso horário? _____

   _____

b. (Cena 4) Quando é que uma pessoa se sente à vontade? _____

_____

c. (Cena 4) Quando é que se chama uma pessoa de Maria Fofoca? _____

_____

d. (Cena 5) Em que situações se faz uma denúncia? _____

_____

e. (Cena 7) Qual é a função da portaria de um prédio? _____

_____

f. (Cena 8) Como é uma pessoa do tipo pacato? _____

_____

B. Capítulo VI

1. Eu sei o que significa! Preencha os espaços com palavras da lista abaixo:

mudar o visual	sossegado	de agora em diante
grana	guardar segredo	tomar conta
disponível	abatido	Barba Azul

a. D. Silvana diz que _____ ele vai assumir o comando.

b. Raul achou que seria uma boa idéia a D. Silvana _____ da obra.

c. D. Silvana disse à Vera que ficasse _____ pois tudo estava bem.

d. Raul foi ao banco pedir um empréstimo pois não tinha _____ para
   terminar a obra.

e. Sueli estava _____ para ajudar o Raul.

f. D. Silvana achava que o Raúl era um bárbaro e conquistador de mulheres e por isso o
   chamou de _____.

g. Quando a Vera chegou de viagem o Raul estava muito cansado e a Vera o achou muito
   _____.

h. D. Silvana _____ e não contou nada à Vera.

i. Vera acha que se ela trocar os móveis ela _____ do apartamento.

2. Termos financeiros

   a. O meu dicionário. Defina os termos abaixo.

   1. juros _____

   _____

   2. saldo _____

   _____

   3. Caderneta de Poupança _____

   _____

   4. cheque sem fundos _____

   _____

   5. cartão de crédito _____

   _____

   6. empréstimo _____

   _____

   7. talão de cheques _____

   _____

   8. Banco 24 Horas _____

   _____

b. Quero um cartão de crédito. Preencha a proposta abaixo e envie-a para análise.

Preencha a proposta abaixo e envie-a para análise.

SOLICITAÇÃO DO AMERICAN EXPRESS° CARD

AMERICAN EXPRESS DO BRASIL S.A. TURISMO
CAIXA POSTAL 60528 - CEP 05899 - SÃO PAULO - SP
TEL.: 247-0966 - DDD GRATUITO: (011) 800-5050

Esta solicitação somente poderá ser analisada mediante o correto preenchimento do número do CIC.
Todas as informações aqui contidas serão consideradas confidenciais.
Por favor, não se esqueça de assinar em todos os espaços indicados.

1 Informações Pessoais

Nome completo

CIC   Data Nasc.   Sexo   M   F

Cart. de Identidade   Nacionalidade

Estado Civil
Casado   Solteiro   Desquitado/Divorciado   Viúvo   Outros   N° de dependentes

Profissão
Você já foi ou é Cliente da American Express?
Sim   N° do cartão   Não

2 Residência

Endereço/Bairro

CEP   DDD   Tel

Cidade   Estado

Tempo de residência   Residência
Anos   Meses   Própria   Aluguel   Da família   Da empresa

Valor da prestação ou aluguel   Cz$ End. p/ corresp.   resid.   comer.

Residência anterior (se o tempo da atual for inferior a 2 anos)

Amigo ou parente mais próximo (nome)

DDD   Tel

3 Informações Profissionais

Empresa

Ramo de Atividade

Endereço/Bairro

CEP   Cidade

Estado   DDD   Tel   Tempo na empresa   anos   meses

Cargo   Salário atual Cz$

Se proprietário, n° do CGC

Especificar outras fontes de renda   Cz$

Emprego anterior (se o atual for inferior a 2 anos)   De 19   Até 19

IMPORTANTE: PARA ACELERAR O PROCESSAMENTO DESTA SOLICITAÇÃO, ENVIAR ANEXA CÓPIA DA COMPROVAÇÃO DE RENDA E DE IMÓVEIS.

4 Informações do Cônjuge

Nome

CIC   Cart. de Identidade

Empresa onde trabalha

Cargo

Salário   DDD   Tel

Cz$

5 Imóveis

Tipo   Cidade   Estado   Valor atual

6 Veículos

Marca   Ano   Valor prest.   N° prest. restantes

7 Referências Bancárias / Cartões de Crédito

Banco (nome)   Agência (nome)

N° da conta

DDD   Tel   Tempo da conta   anos   meses

Banco (nome)   Agência (nome)

N° da conta

DDD   Tel   Tempo da conta   anos   meses

Outros cartões   Bradesco   Credicard   Diners   Nacional   Outros

"Ao assinar esta proposta de contrato e utilizar o American Express Card a ser emitido a seu favor, estará V.Sa. automaticamente vinculado às disposições contidas no Contrato com Titular do Cartão registrado no 3° Cartório de Registro de Títulos e Documentos da Cidade de São Paulo sob n° 2618236/87 cuja cópia será encaminhada a V.Sa. por ocasião do envio do American Express Card. Ao firmar a presente como proponente e utilizar o American Express Card por nós emitido, V.Sa. outorga à American Express poderes especiais para emitir em seu nome notas promissórias pelo valor total das Despesas incorridas com o Cartão, acrescido dos encargos previstos no referido Contrato."

8 Cartão Suplementar

Nome

Grau de parentesco   CIC

Assinatura do suplementar

Vencimento desejado para faturas   1 a 10   11 a 20   21 a 31   Documentos anexos   sim   não

Local e Data
Assinatura do solicitante

Uma vez aprovada sua solicitação, o valor da taxa de inscrição será debitado no seu primeiro extrato do mês subseqüente. Para cartão suplementar, 50% da anuidade serão cobrados no primeiro extrato e o saldo no extrato subseqüente. Para maiores informações, favor consultar o Departamento de Atendimento a Clientes, pelos telefones: 247-0966, em São Paulo, ou (011) 800-5050, de outras localidades (DDD gratuito).

PARA USO EXCLUSIVO DA AMERICAN EXPRESS OU DO BANCO

M 1 2 3   4 5 6   7 8 9

RENDA MÍNIMA NECESSÁRIA: 20 SALÁRIOS MÍNIMOS POR MÊS.

c. Pagando com cheques. Preencha os cheques abaixo para as mercadorias que você comprou.

1. Um par de brincos
Crz$ 176,31
Boutique Paulista
Data: 2/12/69

2. Camisa de malha
Crz$1.230,48
Casa Fontenelli
Data: 1/8/89

COMP.	BANCO	AGÊNCIA	C1	Nº DA CONTA	C2	SÉRIE	Nº DO CHEQUE	C3		CZ$
010	041	0100	X	35.132571.0-9	X	529	708629	6	272	

PAGUE-SE POR ESTE CHEQUE A QUANTIA DE _____

_____

A _____ OU À SUA ORDEM.

_____ DE _____ DE 198 ____

banrisul BANCO DO ESTADO
DO RIO GRANDE DO SUL, S.A.

100 - POSTO CRT
AV.B.MEDEIROS,ESQ.S.FILHO
PORTO ALEGRE-RS   81

PALLO ROBERTO GIRARDELLO FRANCO
AV TEIXEIRA MENDES 606 302
CPF/CGC: 02477661C/CO   GRUPO: 34 GOK   FINAL   1

⑂35708629⑂ 0100⑂1000⑂ 0035132571091⑉

COMP.	BANCO	AGÊNCIA	C1	Nº DA CONTA	C2	SÉRIE	Nº DO CHEQUE	C3		CZ$
010	041	0100	X	35.132571.0-9	X	529	708629	6	272	

PAGUE-SE POR ESTE CHEQUE A QUANTIA DE _____

_____

A _____ OU À SUA ORDEM.

_____ DE _____ DE 198 ____

banrisul BANCO DO ESTADO
DO RIO GRANDE DO SUL, S.A.

100 - POSTO CRT
AV.B.MEDEIROS,ESQ.S.FILHO
PORTO ALEGRE-RS   81

PALLO ROBERTO GIRARDELLO FRANCO
AV TEIXEIRA MENDES 606 302
CPF/CGC: 02477661C/CO   GRUPO: 34 GOK   FINAL   1

⑂35708629⑂ 0100⑂1000⑂ 0035132571091⑉

II. O QUE ESTÁ ACONTECENDO COM O RAUL?

A. **Vera, pelo amor de Deus!** Complete o diálogo do Capítulo V, Cena 4, entre o Raul e a Vera.

— Alô, Vera?

— _____

— É. Como é que vão as ... heim?

— _____

— Ah, mas como você é insistente, Vera!

— _____

— Eu sei... Eu sei... Você investigou a minha vida. Telefonou no escritório.

— _____

— É. Escuta, quando você voltar eu vou arrumar pra você um papel de Maria Fofoca.

— _____

— Não, meu bem, eu não estou desconversando, não. Hum?

— _____

— Não, Vera. É claro que eu não virei empreiteiro de obras, não, meu amor. Escuta, Vera, não vamos discutir agora.

— _____

— Não, não, não, não, Vera. Eu jamais vou dizer pra você que a ligação interubana está ficando cara. Não vou dizer.

— _____

— Tá legal, Vera.

— _____

— Tá, tchau. Um beijo nas criaças.

— _____

— Tá, tchau. Tchau, amor.

— _____

— Tchau.

B. **Um resumo do Capítulo V**. Escreva um parágrafo sobre o que está acontecendo no Capítulo V, com os seguintes personagens:

1. D. Silvana _____

_____

_____

2. Raul _____

_____

_____

_____

_____

C. **Um resumo do Capítulo VI.** Complete o resumo abaixo.

D. Silvana decidiu tomar conta da obra e Raul gostou da idéia, pois ele estava ficando maluco com tantos problemas. D. Silvana também acalmou a filha quanto ao que estava acontecendo no apartamento. Quando o Raul e D. Silvana estavam conversando sobre a obra, a Tarsila entrou e...

_____

_____

_____

_____

_____

_____

_____

_____